Autodesarrollo

Una Guía Completa Sobre Cómo Desarrollar Tus Habilidades Para Hablar En Público y Autosuperación

Felipe Ortiz

Hablar en Público

Tips y Estrategias para Superar el Miedo a Hablar en Público y Dar un Discurso Poderoso

Felipe Ortiz

© Copyright 2019 por Felipe Ortiz

Todos los derechos reservados.

El siguiente libro electrónico se reproduce a continuación con el objetivo de brindar la información más precisa y veraz posible. En cualquier caso, la adquisición de este libro puede verse como el consentimiento al hecho de que tanto el editor como el autor del mismo no son, de ninguna manera, expertos en los temas discutidos, y que cualquier recomendación o sugerencia que se haga aquí es solo con fines de entretenimiento. Se debe consultar a los profesionales en materia antes de llevar a cabo cualquiera de las acciones sugeridas en este texto.

Esta declaración se considera justa y válida tanto por el Colegio de Abogados de Estados Unidos (American Bar Association), como por la Asociación del Comité de Editores (Commitee of Publishers Association) y es legalmente vinculante en todo Estados Unidos.

Además, la transmisión, duplicación, o reproducción de cualquiera de los siguientes trabajos, incluyendo la información específica encontrada en los mismos, será considerado un acto ilegal, independientemente de si el acto se comete de forma electrónica o impresa. Esto se extiende a la creación de una copia secundaria o terciaria del texto, al igual que alguna copia grabada, y solo se permite con el consentimiento expreso y por escrito del Editor. Todos los derechos adicionales reservados.

La información contenida en las páginas siguientes es considerada ampliamente como una descripción precisa y veraz de los hechos y, por lo tanto, cualquier descuido, uso correcto o incorrecto de la información en cuestión por parte del lector será su responsabilidad, y cualquier acción resultante estará bajo su jurisdicción. Bajo ninguna circunstancia el editor o el autor original de este trabajo podrán ser responsables de cualquier adversidad o daño que pueda recaer sobre el lector luego de seguir la información aquí descrita.

Además, la información contenida en las páginas siguientes solo tiene fines informativos, y por lo tanto, debe considerarse de carácter universal. Como corresponde a su naturaleza, el material se presenta sin garantía con respecto a su validez o calidad provisional. Las marcas registradas encontradas en este texto son mencionadas sin consentimiento escrito y, bajo ningún motivo, puede considerarse como algún tipo de promoción por parte del titular de la marca.

TABLA DE CONTENIDO

HABLAR EN PÚBLICO **9**
    Los Cuatro Elementos de Hablar en Público 12
    Breve Historia acerca de Hablar en Público 13
    Hablar en Público en la Actualidad 14
    Eventos y Ocasiones 15
    Ser Alguien Memorable 15

MIEDOS y fobias **18**
    Miedo 18
    Fobia 19
    Tres Tipos de Fobias 20
    Glosofobia 21

CAUSAS PRINCIPALES DEL MIEDO A HABLAR EN PÚBLICO **23**
    Miedos Innatos 24
    Miedos Aprendidos 25
    Miedos al Hablar en Público 25
    Asociación y Empatía 26
    Crecimiento Gradual 26

DESAPRENDIENDO TU MIEDO **28**
    Los Miedos Aprendidos pueden ser Desaprendidos 29
    Mente sobre Materia 30
    Reeducando Tus Respuestas 31
    Extinción del Miedo y Desensibilización 31

TODO SOBRE EL PÚBLICO 33
El Público Quiere Que Tengas Éxito 34
Cumpliendo con las Expectativas 35
Inspiración 35
Renunciando al Control 36
Creando un Enfoque 37
Si Te Agradan, Les Serás de Agrado 37
Liberar el Estrés 41
Energía Nerviosa 41
Conoce Tus Límites 43
No Te Prepares en Exceso 44
Todo está en la Voz 45
Hazlos Reír 47
Diles Algo Que No Sepan 50
Cuando Las Cosas No Salen Como Planeaste 52

TÉCNICAS EFECTIVAS PARA HABLAR EN PÚBLICO 55
Humor 55
Crear Usa Situación Donde Todos Ganan 56
Momentos de Silencio 56
Errores 57
Humildad 57
Hablar con Propósito 58
Puntos Clave 59
Brevedad 59
Autopercepción 60
Crear un Problema y Luego Resolverlo 60

Dar Ejemplos, una y otra vez... 63
Mantener la Atención al Hablar en Público......................... 65
AYUDA Y SOPORTE 69
Amigos y Familiares... 69
Clases para Hablar en Público 70
Hipnosis 70
Toastmasters International 71
No Temas a la Pausa 72
El Secreto Mejor Guardado para Hablar en Público... 74
TODO EN CONJUNTO 77
Miedos y Fobias 78
Estableciendo tu Estado Personal 78
Evaluando tus Necesidades 78
Un Problema Universal... 79
Respuestas Naturales 80
El Público Está de Tu Lado 80
CONCLUSIÓN 82
Aplicación Práctica.. 82
Utilizando Tu Conocimiento 83
Utilizando Tus Recursos 83
Pasos para Superar Tu Miedo 84
Práctica Reflexiva 84
Técnicas de Relajación 85
Familiarizarse con el Proceso 85

HABLAR EN PÚBLICO

Cualquier guía para alcanzar el éxito en cualquier iniciativa o proyecto te dirá que no hay una fórmula mágica para lograrlo. Pero en muchos ámbitos de trabajo, parecen haber algunos "secretos internos". Y aceptar el reto de volverse un verdadero orador público es una ambición noble. Pero si pudieras aprender estos secretos internos que marcan la diferencia entre ser un orador bueno y uno excelente, esto te ayudaría a facilitar la transición.

La verdad es que existe un gran secreto sobre qué hace que los oradores que realmente brillan frente a un grupo sean tan geniales. Pero no estamos hablando de magia o algo que puedes tomar como una píldora y una hora más tarde estás listo para salir a deslumbrar a la multitud. Es un proceso muy simple que ya conoces muy bien. Se trata del clásico trabajo y preparación.

Cuanto más te prepares con antelación para una presentación, mejor podrás hablar en público. Ya conoces ese sentimiento de miedo que sientes al hablar frente a una multitud. Bueno, puede que no seas capaz de identificar el verdadero sentimiento que te afecta porque ¿quién puede pensar cuando se está muerto de miedo? Pero muchas veces, esa sensación aparece porque no estás completamente preparado, y no sabes qué hacer o cómo te irá porque la planificación no es tan buena como debería ser.

Si trabajas duro en tu discurso, esto hará toda la diferencia del mundo cuando te levantes para dar la presentación. Primero que nada, asegúrate de que el contenido cumpla con tus estándares. Tu discurso debe ser convincente y fascinante para ti. Y si esa presentación está llena de un material excelente, no sólo te fascina, sino que también estarás ansioso por subir allí y compartir lo que sabes con esa audiencia. Y ese entusiasmo por hablar es un sentimiento muy refrescante al reemplazar ese terror que sentiste cuando no trabajaste duro con antelación, y así asegurarte de que el material estuviera bien preparado.

Tu público también notará ese gran cambio de actitud. El entusiasmo es algo contagioso, y si te paras frente a ellos, apenas conteniendo tu emoción porque eso que vas a compartir es simplemente genial, estarán igual de ansiosos por escucharlo. Es como cuando alguien te dice: "Hey, ¿quieres saber un secreto?" E inmediatamente te mueres por escuchar ese secreto. Esa es la actitud que reconocerás en tu público cuando subas al podio, quien no sólo está dispuesto sino también entusiasmado, y contarles lo que hay en ese discurso.

Cuanto más estén en tu mente ese discurso y los detalles de la presentación, más confianza tendrás frente a la multitud. Si tienes esa presentación prácticamente memorizada, tan pronto empieces a hablar, observarás más a la audiencia y solo tendrás que echar un vistazo a tu discurso para mantenerte al tanto sobre el siguiente punto a tratar. Esa es una habilidad impresionante que debes desarrollar, y una gran ventaja al hablar frente a la multitud, porque conoces ese material de memoria y siempre tienes una meta a lo largo de tu presentación.

Tendrás que trabajar bastante para alcanzar ese nivel de confianza en tu material. Ensayar varias veces tu presentación ayuda mucho. Prepara una apertura dinámica que exponga el problema a las mentes de tu público, y luego procede a resolver ese problema. También conoce a profundidad la línea de navegación de tu presentación, y prepara transiciones de un punto al siguiente. Esto te ayudará a no quedarte atrapado en una parte del discurso y a no tener transiciones incómodas, lo cual provocará nervios en ti y en tus oyentes.

Para finalizar, planea el cierre de tu discurso. Hay una conclusión a la que quieres que llegue tu audiencia. Asegúrate de conocer todos los puntos importantes, y qué partes de tu discurso son "opcionales", que sólo están ahí para ejemplificar o para rellenar tiempo. Así podrás saber qué obviar si el tiempo se agota, y aún así podrás exponer tu punto y hacer un buen cierre. Si tu discurso tiene un buen contenido, entusiasmo, excelentes puntos para resolver el problema, y un cierre contundente, no solo lograrás sentirte bien al respecto, sino que tu público aplaudirá el trabajo realizado. ¿Y no sería esta una buena forma de terminar la experiencia de hablar en público para ti?

Hablar en público es simplemente el acto de hablar frente a un grupo de personas. El grupo puede ser bastante reducido, o increíblemente grande. En cualquier de los casos, muchas personas sienten que el proceso es abrumador.

Muchos consideran que hablar en público es un arte. Las presentaciones efectivas necesitan una forma de hablar con una inflexión adecuada, pausas y énfasis. Algunas personas parecen tener un don nato para la presentación oral, mientras que otras tienen más dificultad con este tipo de actividad.

Por supuesto, el talento natural es de gran ayuda. Sin embargo, hablar en público de forma eficaz se puede lograr con investigación y práctica constante. El arte de la presentación oral es uno que se puede dominar mediante persistencia y métodos adecuados.

Esta forma de comunicar también es una ciencia. Una presentación oral es más efectiva cuando está bien estructurada y tiene un propósito. Aquellos que aplican un enfoque científico con un sistema metódico, pueden hablar en público tan bien como los que tienen un talento natural.

Las presentaciones orales sirven para varios propósitos. Pueden entretener, pueden usarse para influir en otros, y pueden ser meramente informativas. El propósito del discurso estará muy relacionado con la forma en que el orador organizará sus pensamientos, información y componentes emotivos.

Los Cuatro Elementos de Hablar en Público

Muchos creen que las personas usan máscaras diferentes según la ocasión. Cambiamos nuestros gestos de acuerdo al ambiente en el que nos desenvolvemos. Cuando se habla en público, también hay elementos que deben considerarse al momento de planificar bien la presentación.

El primer elemento de hablar en público es quién da la conferencia. El orador debe pensar cuidadosamente sobre la imagen que quiere proyectar al público. La belleza de este tipo de empresa es que puedes crear una persona que se adapte a tu presentación.

El segundo elemento es el mensaje. Es importante tener en cuenta la información que quieres presentar. El contenido es de mucho valor en cualquier presentación oral. Un tema bien organizado es una parte integral de cualquier evento de oratoria exitoso.

El tercer elemento a considerar es el método. ¿Dónde se dará el discurso? ¿Qué indicador se utilizará? ¿Habrá ayudas visuales y de sonido? ¿La presentación es formal, en una sala de conferencias, o informal?

El último elemento trata del propósito de la presentación. ¿Está diseñada para informar? ¿Hay algún valor de entretenimiento en el discurso? ¿Se supone que la presentación debe motivar e influir en la audiencia?

Breve Historia acerca de Hablar en Público

El arte y la ciencia de hablar en público están profundamente arraigados en civilizaciones de todo el mundo. La palabra hablada es de gran valor, y lo ha sido durante siglos. Este modo fundamental de comunicación ha ayudado a la humanidad a progresar a través de los años.

Antes de que la escritura fuera incorporada como método de comunicación, las presentaciones orales tuvieron un rol de suma importancia. Muchas valiosas obras escritas sólo existían en la memoria, y fueron recitadas una y otra vez para que el disfrute del público.

La poesía evolucionó como un método necesario de memorización efectiva. Aquellos que creaban presentaciones orales e historias, preparaban rimas con palabras para hacerlas más fáciles de memorizar. Este útil dispositivo literario ha persistido a lo largo del tiempo hasta convertirse una forma de arte propia.

Con el paso del tiempo, la palabra hablada fue una gran influencia para varias civilizaciones. El discurso público, el debate y las discusiones tuvieron un efecto profundo en casi todos los aspectos de la vida. La religión, la política y el entretenimiento son sólo algunos ejemplos de áreas que dependen de las presentaciones orales.

Hablar en Público en la Actualidad

Hoy en día, hablar en público sigue siendo una fuerza de impulso en muchos aspectos diferentes de nuestra vida cotidiana. Las presentaciones orales siguen informándonos, influenciándonos y entreteniéndonos. Dependemos del habla cuando para el trato más fundamental con los familiares, y también es un modo de conectarnos entre nosotros a nivel global.

Los avances tecnológicos han propiciado una comunicación efectiva a gran escala. En épocas anteriores, la palabra boca a boca podía tardar días, meses o incluso años en viajar con eficacia. La tecnología brinda diferentes formas de difundir el lenguaje hablado en todo el mundo y en un instante.

Gracias a algunos de los espacios en la actualidad para hablar en público, como las videoconferencias, el orador puede dar una presentación a cientos o hasta miles de personas sin tener que ver directamente a la audiencia. Las telecomunicaciones han abierto el paso para una comunicación efectiva a las masas, con poco o ningún contacto.

Sin embargo, algo se pierde en el proceso. El público puede ser una herramienta de mucho valor durante una presentación oral. La ausencia de este recurso provechoso puede dejar a algunos oradores desconcertados. Otros pueden pensar que hablar frente a una cámara es preferible a hablar con una audiencia en vivo.

Eventos y Ocasiones

La entrega de tu mensaje se puede lograr mediante las telecomunicaciones. Es posible que te estés mirando fijamente un lente en blanco que no ofrece ningún tipo de reacción. Otras ocasiones, puedes tener que preparar un discurso estelar para un grupo de compañeros de trabajo.

Algunos eventos pueden necesitar que utilices tu habilidad para informar al público. Tu breve pero informativo discurso puede estar diseñado para transmitir un mensaje importante sobre temas de seguridad en el lugar de trabajo. O podrías estar a cargo de influir en un número de personas para que vote sobre un asunto determinado.

Otros eventos pueden ser más personales. Tal vez necesites dar un discurso inolvidable en la boda de tu mejor amigo. O quizás simplemente desees perfeccionar tus habilidades para comunicar tus pensamientos a tus amigos, seres queridos y colegas efectivamente todos los días.

Ser Alguien Memorable

Decir que el ego no existe en una persona que habla en público con frecuencia, o para ganarse la vida, sería claramente una afirmación falsa. Pero para aquellos de nosotros que sólo practicamos esta actividad de vez en cuando, al ver a un orador que puede estar de pie en una sala con 30 personas o un auditorio de 3.000, y convertirse en el "dueño del lugar", realmente es una transformación asombrosa.

Imaginar cómo podrías llegar a ser alguien tan memorable es abrumador.

Sin embargo, cuando te paras a hablar frente a un grupo de personas, de muchas formas te conviertes en alguien memorable. Es porque estás haciendo lo imposible, lo que pocos se atreven a hacer. Estás conversando con docenas de personas a la vez. Ahora, sientas o no que estás teniendo esa conversación no es lo importante.

Si tu forma de hablar no es interactiva, es posible que no te des cuenta cuando el diálogo se lleve a cabo. Pero en la mente de cada persona en esa sala sienten que están interactuando contigo. Las palabras que pronuncias entran dentro ellos y los hace reaccionar. Pero más allá de lo que estás diciendo, cómo lo dices tiene un impacto todavía mayor.

Entonces, ¿hay algo que se pueda hacer para "ser" memorable? Bueno, hay algunas formas de comportarse frente a una multitud distintas a las empleadas en la vida cotidiana. Debemos aceptar que en el proceso desarrollarás una "personalidad escénica", diferente de tu personalidad diaria cuando hablas con un grupo. ¿Eso te hace un farsante? Para nada.

Ambas personalidades son parte de ti. Es solamente una parte de diferente a cuando te relacionas con un grupo y cuando lo haces en conversaciones individuales, y parece extraño porque esa parte sólo se muestra en el escenario. Pero no estamos hablando de algo a niveles del doctor Jekyll y el señor Hyde. Al igual que hablas con un niño de manera diferente que al hacerlo con un adulto, desarrollarás una forma de hablar frente a los grupo que difiere de tu habla con un individuo.

Parte de volverse memorable es aprender a la técnica que los oradores llaman "apropiarse del entorno". Es algo que suena egocéntrico y un tanto extraño, pero realmente funciona cuando estás a punto de hablar. Apropiarse del lugar simplemente significa que cuando estás frente a esa multitud, ya no son un grupo cualquiera de personas, son TUS espectadores.

Están allí para escucharte sólo a ti, y lo que tienes que decir es valioso para ellos. Si has llegado a tener problemas para manejar tu ego antes de pararte frente a esa audiencia, es mejor que seas consciente de ello y lo hagas un lado antes de dar tu discurso.

Debes asumir que la gente te adora cuando hablas frente a ella. Esto no significa que debes actuar como si fueras lo mejor del mundo. Pero sí significa que debes reconocer tu valor para este grupo de personas como orador, y que tus servicios son buscados y necesitados en ese lugar. De hecho, la única manera de ser un orador público eficaz es si aprendes a apropiarte de la sala.

Trata ese espacio como si fuera tu hogar, y estas personas están allí porque estar contigo es así de genial. Si enfrentas la situación con esa actitud, el público se convencerá, cederá el espacio, y se alegrará de que lo hayas tomado.

Puede parecer un poco extraño si ves cómo te conviertes en alguien memorable. Pero también puedes tener una actitud humilde al respecto, y simplemente reconocer que es parte del oficio de un gran orador. Y si ser bueno en este arte que debes presentar al mundo entero significa apropiarse de los espacios y actuar como alguien poderoso y memorable por alrededor de una hora, ¿por qué negar al mundo esa experiencia? Disfrútalo, y deja los demás lo disfruten también.

MIEDOS Y FOBIAS

Aunque solo la idea de hablar frente a una multitud es abrumadora, es importante abrir un espacio para establecer una distinción clara entre los miedos y las fobias. Es probable que descubras que no es sólo miedo lo que sientes ante esta tarea. Si tienes una fobia, hay otras precauciones que debes considerar.

El miedo puede ser una emoción tan notoria que puedes sentirse confundido acerca de la posibilidad de tener una fobia. Después de profundizar en las semejanzas y diferencias, serás capaz de llegar a tus propias conclusiones. También puedes buscar ayuda profesional si sientes que realmente tienes una fobia.

Miedo

El miedo es una emoción fundamental que tiene un propósito muy importante. Esta emoción en particular está diseñada para la supervivencia. Sin miedo, las personas pueden involucrarse en actividades demasiado peligrosas. La supervivencia de la humanidad estaría en riesgo sin esta vital fuerza emotiva.

A pesar de su naturaleza fundamental, el miedo es una emoción muy compleja que proviene de varias fuentes. Normalmente, esta emoción está conectada a nuestro ser para garantizar nuestra seguridad. La severidad del temor y la ansiedad asociados con este sentimiento varían de persona a persona.

El cuerpo tiene una respuesta notoria ante esta emoción. Nuestro cuerpo atraviesa cambios físicos cuando sentimos miedo. El sistema nervioso autónomo se pone en marcha acompañado de las glándulas suprarrenales. Con frecuencia, las personas pueden reconocer el miedo por las respuestas físicas que lo acompañan.

Temblores, tensión y respiración acelerada son síntomas comunes. El aumento de la frecuencia cardíaca, la sudoración y resequedad en la boca también pueden acompañar al miedo. La sangre fluye del cerebro a otras partes del cuerpo ya que la energía se puede aprovechar para correr o para enfrentar el desafío.

Dado que la sangre puede fluir del cerebro con bastante rapidez, algunas personas pueden experimentar mareos y desmayos durante experiencias de miedo extremo. La reacción de lucha o huida también suele activarse durante situaciones considerablemente terribles. Esta respuesta le dice al cuerpo cuando huir o protegerse a sí mismo utilizando la fuerza.

E miedo también es algo que se puede aprender. Expertos discuten sobre este tema y en qué medida esta emoción está naturalmente programada en nuestro cerebro para la supervivencia, y en qué medida se aprende. El entorno puede tener un rol importante en los miedos más intensos de una persona, pero no está claro cuánta de esta emoción se aprende, y cuánto de ella forma parte de la naturaleza del cuerpo humano.

Fobia

Una fobia es un miedo muy específico que es excesivo. La

naturaleza irracional del miedo, acompañado de una respuesta injustificada, distingue esta condición de las típicas reacciones temerosas. Las fobias son relativamente comunes. En algunos casos sin embargo, pueden ser clasificadas como trastornos psicológicos.

Para que una condición se clasifique como trastorno, tiene que interferir con la capacidad del individuo para realizar sus tareas diarias con normalidad. Por ejemplo, una fobia a los lugares altos puede que no califique por sí sola como un trastorno. Una fobia a las alturas que impide que una persona camine hacia arriba y hacia abajo sí sería un trastorno.

Tres Tipos de Fobias

Existen tres tipos básicos de fobias reconocidas bajo el Manual Diagnóstico y Estadístico de los Trastornos Mentales (DSM). Las fobias simples son miedos irracionales a objetos o situaciones. Las fobias sociales consisten en el miedo a las situaciones sociales, y la agorafobia es el miedo a verse atrapado en una situación o entorno.

- Fobias Simples

   Las fobias simples se presentan en una variedad de formas y pueden incluir casi cualquier objeto o situación. El individuo suele tener una sensación abrumadora de que necesita evitar estos objetos o situaciones. También reconoce que el miedo es irracional. Aquellos cuyas fobias entran en esta categoría no siempre buscan tratamiento para sus condiciones.

- Agorafobia
   Formalmente, la agorafobia se define como el miedo

a los espacios abiertos. Sin embargo, los estudios más recientes reconocen que las personas que tienen esta condición evitan salir de sus hogares porque temen sentirse atrapados. Se cree que la agorafobia se desarrolla como resultado de ataques de pánico. La persona tiene miedo de sufrir un ataque en lugares públicos o lugares en donde no se puede escapar.

- Fobias Sociales

    Las fobias sociales son completamente abrumadoras para el individuo que las tiene. Por supuesto, una persona con alguna fobia social se paralizaría ante la idea de hablar en público. El temor de ser juzgado o humillado públicamente dejaría al individuo incapacitado.

Las condiciones fóbicas son consideradas trastornos de ansiedad. Estas condiciones pueden tratarse con terapia conductual, medicamentos, o una combinación de ambos. Otras técnicas de tratamiento incluyen la exposición gradual a la situación u objeto (desensibilización) y visualizaciones.

Glosofobia

Existen diferencias fundamentales entre los miedos y las fobias. Como se ha explicado, nuestros miedos son componentes necesarios para la supervivencia. A veces pueden parecer poco racionales, pero no interfieren con nuestra capacidad de funcionar normalmente todos los días.

En cambio, las fobias son persistentes, irracionales y excesivas. El mero pensamiento de estar en una situación específica o cerca de cierto objeto causa una ansiedad abrumadora. La principal diferencia entre el miedo y la fobia es la discapacidad.

Por ejemplo, una persona puede tener miedo de realizar una presentación oral y funcionar normalmente. La persona puede transpirar, temblar y perder su hilo de pensamiento, pero aún así puede presentarse en el evento. Hasta podría elegir no dar el discurso por miedo, pero todavía sigue teniendo todas sus capacidades.

La persona que sufre de glosofobia experimenta algo muy diferente. Sólo la idea de hablar en público da como resultado una ansiedad que lo consume todo. La angustia física es exhaustivamente incómoda, e incluye náuseas y sentimientos de pánico. Las personas con glosofobia evitan cualquier situación que pueda exigir una interacción verbal con cualquier grupo de individuos.

Las respuestas físicas de la glosofobia están estrechamente relacionadas con la reacción básica de huida o lucha asociada al miedo. El individuo experimenta ritmo cardíaco acelerado, aumento de la presión arterial, resequedad en la boca, y rigidez muscular. Los sentidos se intensifican, pero el individuo aún puede sentirse mareado y hasta desmayarse.

Algunas personas pueden desarrollar trastornos del habla en su intento por hablar en público. Estos incluyen balbucear y tartamudear. A algunos les puede resultar difícil articular palabras que, por lo general, no son un reto en situaciones comunes.

La glosofobia es una condición que está exclusivamente relacionada con hablar en público. Algunas personas pueden presentarse en público bailando o cantando, y aún así tener esta fobia social. La ansiedad por al hablar puede superarse en algunas situaciones si la persona se ve a sí misma como un actor, en vez de a sí misma mientras da la presentación.

CAUSAS PRINCIPALES DEL MIEDO A HABLAR EN PÚBLICO

Para superar un miedo, es necesario reconocer las causas que lo originan. El miedo es una emoción importante que está diseñada para ayudarnos a protegernos. Algunas emociones están arraigadas en nuestro sistema para mantenernos fuera de peligro. Incluso el miedo a hablar en público puede tener su origen en la supervivencia.

Los miedos también pueden ser aprendidos. Podemos experimentar miedo en una situación determinada a través de nuestras experiencias. Algunos llegamos a sentirnos temerosos de un objeto o circunstancia cuando vemos que otros también lo temen.

Por supuesto, es obvio que una persona no se enfrenta una amenaza inmediata de daño cuando habla en público. Sin embargo, hay componentes en esa emoción que son naturalmente para la supervivencia. El miedo o ansiedad a hablar en público es uno complejo porque parece ser una combinación de instinto y aprendizaje. Lo que se desconoce es hasta qué punto influyen ambos.

Miedos Innatos

El temor a hablar en público puede considerarse una respuesta natural a una situación social extenuante. Esa emoción negativa puede tener un propósito importante. Puede ser considerado como una forma de activar el modo supervivencia del individuo.

Algunos temores son innatos en el sistema humano. Nos ayudan a tomar las decisiones correctas que pueden protegernos del daño. Las reacciones de miedo son completamente naturales, a pesar de su impacto negativo en el cuerpo y la psique.

En esencia, el mensaje es que hay un peligro inmediato en el entorno. Naturalmente, sentimos miedo ante muchos indicadores de peligro. Algunos incluyen ruidos fuertes y alturas. Nuestros cuerpos reaccionan para hacernos conscientes de que se requiere alguna acción.

El miedo a hablar en público puede estar arraigado de forma innata en la psique humana. Teniendo en cuenta las condiciones de un evento de oratoria, no es de extrañar la razón de que el cuerpo tenga una reacción tan profunda a la situación. Una persona frente a una multitud de individuos. Esta puede ser una posición peligrosa en un nivel primitivo.

Es bastante lógico que la respuesta del cuerpo sea reaccionar con huida o lucha ante tal situación. Aunque puedas reconocer que el público es inofensivo, aún existe un sentido natural de que necesitas protegerte. Esto es parte de lo que explica por qué el temor a hablar en público es universal, hasta cierto punto.

Miedos Aprendidos

Algunos miedos se aprenden. Nuestras experiencias en la infancia nos enseñan a tener miedo de diversos objetos y situaciones. Un niño puede no tener miedo al fuego hasta que la experiencia le enseñe a tener cuidado. Las experiencias pueden presentarse de formas diferentes.

Retomemos el ejemplo del niño y la llama. El niño puede aprender a temer este elemento al experimentar una quemadura. También puede aprender a tener miedo al fuego si quien lo cuida muestra una reacción adversa al elemento. También puede aprender a reacción con temor si ve que alguien más se quema.

Es importante recordar que la mente es una fuerza muy poderosa, y tiene un efecto profundo en nuestros temores. Una persona puede imaginar una experiencia que desarrolla sentimientos de inquietud en situaciones específicas. En muchos casos, una imaginación vívida tiene tanta influencia como una experiencia real.

Miedos al Hablar en Público

Es natural sentir temor ante la tarea de hablar en público. También hay elementos aprendidos que entran en juego. Parte del miedo proviene de la imaginación pura. Por supuesto, también hay orígenes ocultos. Cada individuo tiene sus propias razones para sentirse ansiedad al hablar en público.

Algunos pueden haber tenido una experiencia traumática relacionada con hablar en público. Un incidente negativo con consecuencias para toda la vida. Una persona puede aprender a tener miedo de hablar frente a una multitud después de conocer un miedo extremo en una sola experiencia relacionada con esta actividad.

Incluso si ese miedo intenso se experimenta por un momento, el impacto puede durar toda la vida. El sistema nervioso está diseñado para asociar el miedo con situaciones que deben evitarse. Sentir gran ansiedad y temor durante un evento determinado le enseña al cuerpo a responder de una forma específica.

Las personas son capaces de hacer fuertes asociaciones entre los sentimientos y los eventos. Algunas son rápidas para aprender el miedo directamente en situaciones dadas. En otros casos, puede que los sentimientos negativos no guarden relación con el hecho de hablar en sí. El individuo simplemente hace la asociación a través de su mente.

Asociación y Empatía

Muchas personas desarrollan miedo a hablar en público a través de la asociación. La persona no vive el evento negativo por sí misma, pero presencia la experiencia negativa de alguien más. Si el evento es traumático para el individuo observado, el sujeto aprende a temer esa situación también.

Esta circunstancia de empatía es similar a la de un niño que se asusta con los perros, después de ver cómo otro niño es mordido. Presenciar el incidente traumático es suficiente para causar miedo en el niño.

Crecimiento Gradual

Con el tiempo, las personas también pueden aprender a sentir miedo al hablar frente a una multitud. Un caso muy leve de miedo escénico se puede transformar en una condición más grave si la persona deja que esa sensación se acumule con el tiempo. Si el sujeto pone su atención en el miedo, este se hará más fuerte.

Las experiencias relativamente inofensivas, pueden transformase en sentimientos de miedo abrumador. El cuerpo aprende a reaccionar de una forma mediante la preocupación de la mente por esa emoción de temor. La ansiedad se alberga en la mente y, como consecuencia, el sistema nervioso responde.

El crecimiento gradual del miedo a hablar en público es similar al famoso experimento de condicionamiento de Pavlov. Los perros de Pavlov son bien conocidos por sus respuestas aparentemente inadecuadas al sonido de una campana.

El experimento fue bastante simple. Se sonó una campana justo antes de que los perros fueran alimentados. Con el tiempo, los perros comenzaron a producir saliva con tan solo el sonido de la campana, hubiera comida presente o no. Las respuestas naturales de sus cuerpos fueron transferidas al sonido de la campana.

Las asociaciones son elementos bastante poderosos. La mente puede hacer que una experiencia sea mucho peor de lo que realmente es. Es importante recordar que puedes controlar tus pensamientos y sentimientos hasta cierto punto. También puedes volver a capacitar tu cuerpo para obtener diferentes respuestas a la experiencia de hablar en público.

DESAPRENDIENDO TU MIEDO

La ventaja de hacer asociaciones por medio de respuestas aprendidas a estímulos es que estas respuestas pueden ser desaprendidas. El proceso es un poco largo, pero vale la pena el esfuerzo. Hay más de una manera de abordar el problema del reaprendizaje de respuestas ante diversas situaciones y objetos.

Una técnica increíble es asumir un enfoque cognitivo para abordar tus temores al momento de hablar en público. Esta es una forma efectiva de usar la lógica y el pensamiento racional de forma intencionada. Puede llevarse algún tiempo acostumbrarse a lidiar con las emociones en un nivel cognitivo, pero es una herramienta muy útil una vez que eres capaz de alcanzar un enfoque cognitivo efectivo.

Las respuestas también pueden ser reentrenadas a nivel de comportamiento. Los especialistas en psicología del comportamiento pueden referirse a esto como condicionamiento operante con refuerzo positivo. Si una experiencia negativa puede provocar sentimientos de ansiedad, las positivas son capaces crear sentimientos de placer y bienestar.

Es importante recordar que el miedo a hablar en público no se basa en una amenaza verdadera para tu seguridad. Es una condición muy común, cuya naturaleza es bastante universal. Puedes elegir transformar tus sentimientos de miedo y ansiedad, en sentimientos de alegría y entusiasmo.

Los Miedos Aprendidos pueden ser Desaprendidos

A menudo, las personas continúan por sus vidas con un conjunto de creencias. De hecho, algunas de esas creencias están profundamente arraigadas en su interior. Otras son productos de la fe, y otras tienen su origen en perspectivas inválidas.

El miedo a hablar en público está frecuentemente arraigado en una perspectiva irracional. Es posible que sientas una ansiedad y un miedo excesivos, pero en realidad, no hay una lógica para estos sentimientos. Muchas personas aprenden a tener miedo de hablar frente a un grupo debido a sus experiencias y su percepción de la situación.

Un obstáculo que encuentran las personas es su percepción del público. La realidad es que ese grupo de personas no representa una amenaza, pero el individuo se ha enseñado a sí mismo que sí lo es. Ya que el sistema nervioso ha sido entrenado para responder con respuestas fisiológicas apropiadas ante el miedo, la mente y el cuerpo identifican la situación como una de peligro.

Ten en consideración que un solo evento traumático puede ser suficiente para llevar una vida de fobia y miedo. El evento puede haber durado tan solo un segundo. Podría haber sido observado en vez de vivirlo de primera mano. El efecto duradero es evidencia de que la condición puede ser revertida, con práctica, hasta alcanzar una respuesta sin temor. Si un evento puede ser tan poderoso, varios eventos positivos pueden ser igual de efectivos, o hasta más.

Mente sobre Materia

En algún punto, todos hemos llegado a escuchar la expresión "mente sobre materia". Este dicho bien podría estar inspirado en la terapia cognitiva. Cuando una persona adopta un enfoque cognitivo sobre una situación, esa persona la enfrenta con un pensamiento racional. Hace las emociones a un lado puede ser un reto, pero puede dar muy buenos resultados.

La objetividad no siempre es fácil, en especial cuando estás en medio de la emoción. El enfoque cognitivo requiere de práctica y puede llegar a ser bastante exigente, pero una vez que comienzas a ver la actividad de hablar en público como algo objetivo, comienzas a tomar control de la situación.

Los sentimientos y pensamientos están estrechamente relacionados. Tú controlas tus pensamientos y puedes usarlos para controlar tus emociones con el tiempo. A continuación presentamos algunos ejemplos breves acerca del uso de la cognición para superar sentimientos de ansiedad y temor a hablar en público.

- Hablar en público no es peligroso por naturaleza.
- No necesitas crear la presentación perfecta.
- Cometer errores es algo común en la vida diaria.
- Los resultados negativos que puedes temer, no forman parte de la realidad.
- El público no es tu enemigo.
- No necesitas controlar todos los aspectos de tu

presentación.

Cada individuo puede adaptar sus pensamientos según temores específicos. Algunos pueden tener miedo por aspectos aislados de la presentación. Puedes decidir qué aspecto acerca de hablar en público te afecta más, y modificar tus pensamientos de manera apropiada.

Reeducando Tus Respuestas

De la misma manera que puedes reeducar tus pensamientos, también puedes reeducar tus respuestas emocionales ante ciertos objetos y situaciones. La gente es capaz de reprimir sus reacciones de miedo ante la desensibilización. Este proceso es conocido como terapia de exposición.

Acabar con el miedo es posible, y hay muchas probabilidades de éxito para aquellos que utilicen procesos como desensibilización y terapia de exposición. Algunos creen que este enfoque funciona mejor si se aplica de forma intensiva durante un período corto en lugar de extender el proceso por días o semanas.

Extinción del Miedo y Desensibilización

En esencia, la terapia de exposición y la desensibilización pueden ayudar a las personas en el proceso de extinción del miedo. Esto se logra reemplazando los viejos recuerdos por otros nuevos. A primera vista, este enfoque puede parecer bastante simple y, sorprendentemente, lo es.

Los recuerdos del miedo se encuentran en la amígdala, una región del cerebro. El proceso para el control de la emoción comienza en la corteza prefrontal medial. Esta área del cerebro envía mensajes a la amígdala y al tronco del encéfalo. La idea básica es que la señal "segura" del cerebro también se encuentra en la amígdala.

Las personas pueden haber sido expuestas a nuevas experiencias que involucran el origen del miedo. Pueden volver a aprender cómo reaccionar al estímulo al reeducar su cerebro. Las emociones de mayor temor, alojadas en la amígdala, pueden ser reemplazadas por sentimientos de seguridad. Esto viaja por el tronco del encéfalo, donde se originan los comportamientos involuntarios, tales como la frecuencia cardíaca y la respiración.

¿Cómo es que esto es un proceso simple? Hacer que la magia funcione en el cerebro simplemente implica una exposición gradual al origen del miedo, acompañado de experiencias placenteras. Quienes quieran superar su miedo a hablar en público tendrá que exponerse a la actividad en pequeñas dosis y alcanzar una experiencia placentera como resultado.

La corteza prefrontal medial comunica el placer de la experiencia a la amígdala y, más tarde, al tronco del encéfalo. Estas regiones del cerebro se encargan de reemplazar los recuerdos negativos con recuerdos agradables, y ayudan a controlar las respuestas involuntarias del cuerpo ante el miedo.

Los expertos difieren en cuanto el tiempo de exposición: algunos sugieren que este proceso solamente debería tomar unas pocas horas, otros que la persona debe practicar exponerse a hablar en público durante un período prolongado de tiempo.

TODO SOBRE EL PÚBLICO

El público es una parte de suma importancia cuando se trata de eventos de oratoria. Tu percepción del público es el pilar de tu presentación. Puedes tener control de cómo ves a la multitud, y te puedes ganar rápidamente su respeto si eres empático.

Esto puede parecer difícil al principio, pero después de algunas consideraciones verás que el público es realmente tu compañero. Dar una presentación puede ser una calle de dos vías en muchos casos. Algunos logran presentarse ante un público exitosamente al ver al público como un aliado.

Existen ejemplos de personas que tomaron sus deficiencias para la oratoria, y las transformaron en logros impresionantes. Estos individuos usan el arte y la ciencia de la presentación para superar obstáculos significativos en su capacidad para articular.

Con la inspiración de tu lado, puedes elegir renunciar al control de la situación y así crear un enfoque en el rendimiento que realmente funcione para ti. Ya sea que desees crear una personalidad para hablar en público, o establecer una buena relación con la audiencia en un solo evento, puedes hacerlo.

El Público Quiere Que Tengas Éxito

Una buena parte de la ansiedad que implica la tarea de hablar en público gira en torno a la percepción que el orador tiene de su público. El miedo fundamental puede crecer con bastante rapidez si el orador ve al público como una amenaza. Puedes ayudarte a ti mismo reconociendo que el público solamente quiere ver que tengas éxito.

La empatía cumple un enorme rol en esta idea general. Aquellos sentados en la multitud probablemente estén tan nerviosos por hablar en público como tú. Son muy conscientes de lo que probablemente estás sintiendo en el momento, y esto puede ser de utilidad para tu enfoque.

Las personas siempre están dispuestas a disfrutar de alguien que exuda confianza. Sin embargo, un poco de humor y humildad mezclados en una presentación pueden tener el efecto deseado. Hablar frente a un público en vivo es una actividad naturalmente interactiva. Del mismo modo que una persona ignora cuando balbuceas una frase en conversaciones personales, la multitud también ignorará tus imperfecciones y defectos de hablar en público.

Puede que el titubeo o tartamudeo te parezcan un obstáculo importante, pero realmente no son muy importantes para el público. Ten en cuenta que nuestro juicio sobre nosotros mismos siempre es más severo. Eres es el peor crítico cuando se trata de su presentación.

Incluso si imaginas a un grupo de críticos despiadados en el público, esto es algo que puedes superar rápidamente. Imagina que alguien dice: "¿Lo escucharon hacer una pausa en el momento inapropiado?" Pero en realidad, ¿quién se va a ver como un tonto? A los ojos del público, será el crítico porque la mayoría de ellos sabe la valentía que se necesita para hablar en público.

Cumpliendo con las Expectativas

Las expectativas son un tema complicado cuando se trata del público. Imaginemos a una persona que realmente disfruta hablar en público. Esta persona puede encontrar mucha satisfacción en la actividad porque sabe que necesita cumplir con las expectativas del público.

Los actores presentan líneas de un libreto. Se ensayan, memorizan y luego recitan. El actor sabe qué esperar, y también tiene la ventaja de contar con una personalidad en su presentación. Cuando piensas que el público tiene ciertas expectativas, puedes llegar a sentirte abrumado. Sin embargo, estas mismas expectativas pueden ayudarte a superar tu miedo.

Usa las expectativas del público como una fuente de inspiración. Organiza la información en torno a lo que quieren y necesitan saber. Ten un enfoque empático. ¿Qué esperarías ver en la presentación de un orador? ¿Dejarías de escucharlo por cometer un error?

Inspiración

Muchas de los que temen hablar en público nunca sueñan con adentrarse en las artes escénicas. Sin embargo, hay muchas personas increíblemente tímidas capaces de desempeñarse bien en esta área. Hay algunos que usan la actuación como una forma de superar los problemas de articulación, como el titubeo y el tartamudeo.

Uno de los ejemplos más espectaculares es el de James Earl Jones. Cuando era niño, Jones solía tartamudear, y esto le impedía hablar con otras personas en entornos sociales. Superó sus problemas de articulación leyendo a Shakespeare en voz alta para sí mismo.

Él no comenzó a utilizar este enfoque sino hasta que cursaba la secundaria. Su profesor de literatura lo animó a probar esta estrategia. James Earl Jones logró superar su tartamudeo y su timidez leyendo en voz alta para sí mismo, y luego al público. Más tarde, se convirtió en una de las voces más reconocidas de Hollywood.

Renunciando al Control

Probablemente no serás el siguiente James Earl Jones, pero es útil saber que alguien puede superar desafíos significativos si se lo propone. Parte de este desafío yace en el control. Aunque hablar frente a un público en vivo es algo interactivo, también es necesario soltar ese control para superar tu miedo.

Las personas pueden sentir mucha ansiedad cuando los demás no actúan de la manera que desean. Si alguien en el público parece distraído o inquieto, probablemente tiene sus razones. Si algunos parecen no estar prestando atención, no te preocupes.

Tu energía debe estar en las cosas que sí puedes controlar. Nútrete de las personas que están enviando energía positiva hacia tu dirección. Es posible que algunos en el público no respondan como quisieras. Esto es simplemente parte del proceso.

Creando un Enfoque

Puedes controlar cuál será tu enfoque. Una estrategia bien planificada puede ser maravillosa para algunos oradores. Otros pueden tener mejores resultados al improvisar. En algunos casos, ensayar demasiado puede ser contraproducente. Algunas personas trabajan bien con anotaciones, mientras que otros tienen que memorizar la información porque las notas los distraen demasiado.

Piensa en tu propia personalidad y en cómo interactúas naturalmente con las personas. Si por lo general eres relajado y espontáneo, puedes usar un resumen conciso y hablar con naturalidad. Si por el contrario, te gusta planificar las cosas hasta el más mínimo detalle, puedes incluir anotaciones detalladas. Está de tu parte desarrollar y aplicar un enfoque que funcione.

Y siempre ten en cuenta al público. Piensa en discursos y presentaciones que te hayan impresionado. Puedes elegir modelar tu enfoque en base a esos eventos. Esta es una gran estrategia porque consideras la perspectiva del público sobre tu proyecto.

Si Te Agradan, Les Serás de Agrado

Cuando ves oradores públicos experimentados, a veces parece que pueden poner al público bajo un hechizo. Tú, como parte del público, sabes cómo se siente ese hechizo. Y una de los primeros signos de que este orador mantendría a su público en la palma de su mano, es que casi de manera instintiva te agradó su energía. Y lo más interesante de ese "hechizo" es que una vez que realmente te gusta este orador, te abres naturalmente a su presentación, estás más atento a su mensaje y más abierto a la sugestión si el orador está exponiendo un punto.

Así que cuando te preparas para comenzar a hablar en público, es normal que desees saber cómo hacer conjurar ese hechizo a tu favor. Todos tenemos un sentimiento común de inseguridad o inferioridad, nos preocupa que no seamos de agrado al público, y que nuestra presentación no sea exitosa.

Así que te preguntas si ese orador simplemente es más agradable que tú, o si realmente usó alguna especie de magia para hablar en público y hacer que los oyentes sientan agrado por él.

La respuesta tiene dos caras. La primera, no, ese orador no es más agradable que tú. Lo que piensas es tan sólo tu inseguridad hablándote al oído, y necesitas decirle a esa inseguridad que es hora de abandonar la habitación porque no te va a ayudar de ninguna manera en tu camino para convertirte en un mejor orador.

La segunda es sí, hay algo que el orador público sabe hacer para que su público se sienta atraído hacia él, pero no, no se trata de magia. Es algo que cualquiera que se pare frente a una multitud puede usar y que siempre dará resultado.

El secreto no es realmente muy complicado. Sólo tienes que aprender a que tu público te agrade. Eso puede parecer simple, pero muy en lo profundo de esa idea hay un principio poderoso de la psicología. Cuando te paras frente a una multitud y te has condicionado a ti mismo para que te agraden, esto se refleja en todos los aspectos de tu postura y la forma en que te comportas. Sonreirás más, harás contacto visual y realmente te verás con ganas de interactuar con ellos durante la presentación.

Sin embargo, no te preocupes si el discurso o presentación no es interactiva como en una especie de diálogo. Pero si ya has hablado con algún grupo pequeño antes, sabes que hay mucha interacción, incluso en discursos unidireccionales. Ese orador que te cautivó aquel día con esa "magia" es consciente de que la interacción sucede todo el tiempo.

Mientras hablas, recibes respuestas en forma de lenguaje corporal y expresiones faciales que te permiten saber cómo lo estás haciendo. Y al abrir una relación cálida y afectuosa con tu público, esa respuesta también lo es, y eso hace que la presentación sea todavía más exitosa.

El truco para aprender a que le agrades a tu público, yace en descubrir buenas razones para agradarles. Usamos la palabra "truco" de forma intencional. Cualquier razón para que les agrades servirá. No te tienen que agradar todos en el público; puede que sólo te guste la ropa que llevan, o las caras de las personas.

Puede que te agraden las personas que ya conoces, o aquellos que recién conoces y con quienes lograste una buena conexión desde el principio. Incluso te puede agradar toda una multitud simplemente porque identificaste un grupo de personas que te atraen. Al enfocarte en aquellos que te agradan, tu afecto hacia ellos se extenderá al resto del público mientras hablas. En poco tiempo, tendrás a esa multitud en la palma de tu mano y usarás ese hechizo para hacer de tu presentación un éxito. En ese momento, recordarás este pequeño "truco", y lo usarás a menudo cada vez que hables en público.

CONSEJOS PARA RECORDAR

Existen grandes ventajas sobre recopilar una serie de consejos acerca de cómo superar tu miedo a hablar en público. Estos pequeños consejos pueden ayudarte a usar bien tus recursos. La brevedad de los consejos es uno de los aspectos más interesantes de estos tips. Los hace fáciles de recordar, e incluso puedes usar un pequeño cuaderno para recordatorios y mensajes inspiradores.

Debes decidir qué consejos funcionarán mejor para ti. Algunas de las sugerencias te serán de gran interés, mientras que otras pueden hacerse a un lado. Lo importante es que te sientas animado a dar el primer paso en tu camino para superar el miedo a hablar en público.

Liberar el Estrés

Liberar el estrés es algo mucho más fácil de decir que de hacer, y no siempre es realista. Es importante tener en cuenta que el estrés también puede ser algo muy bueno. En lugar de combatir el estrés, puedes intentar aprovecharlo para tu beneficio. Esta puede ser una nueva perspectiva para situaciones estresantes, pero puede ser capaz de lograr resultados maravillosos.

Probablemente hayas escuchado a amigos, familiares y colegas que te dicen que deshagas del estrés. Sin embargo, este enfoque no necesariamente funciona para la mayoría de nosotros. Si fuera tan fácil, casi todos estaríamos libres de estrés. Simplemente decirte a ti mismo que tienes que liberar el estrés, puede provocar sentimientos de ansiedad.

El estrés, al igual que el miedo, existe por una razón. El cuerpo humano necesita un poco de estrés para funcionar correctamente. Cuando la presión de este componente vital se vuelve abrumadora, es necesario recurrir a técnicas para control de la ansiedad, y así ayudar a liberar los sentimientos de pesadez.

Controlar el estrés no implica liberarse de ello por completo. Esta ansiedad natural puede ser aprovechada efectivamente durante una presentación. El mismo estrés puede funcionar como una fuerza altamente creativa que te impulsa a lo largo de tu esfuerzo por hablar en público.

Energía Nerviosa

Un consejo para recordar en este entorno es imaginar que el estrés es una energía nerviosa. Por lo tanto, puedes aprovechar esta fuente de energía. Teniendo en cuenta que la ansiedad está dentro de ti, debes ser capaz de tomar las riendas sobre esa emoción. Esto es mucho más productivo que preocuparse por controlar factores que están fuera de tus manos.

Tu energía nerviosa puede servir para varios propósitos. Puede ayudarte a crear una personalidad que habla en público y usarse para una presentación efectiva. Por ejemplo, puedes concentrarse en la vocalización, el volumen y las pausas aprovechando la energía de ese estrés interior.

Tu rendimiento es una cuestión de transformar esa energía nerviosa en una fuerza productiva. Algunas personas son capaces de hacer esto de forma natural cuando suben al escenario. Otros requieren práctica y entrenamiento para llevar a cabo esta tarea efectivamente.

Aprende a aprovechar el estrés en lugar de liberarlo. Tiene demasiado valor como una herramienta para una presentación efectiva como para deshacerse de él sin ningún propósito específico.

Lecciones:

- El estrés sirve para un propósito
- La energía nerviosa puede ser aprovechada
- La risa es una forma de liberar estrés
- Usa tu concentración en aprovechar el estrés en vez de superarlo
- Pon tus energías en lo que puedes controlar

Conoce Tus Límites

Todos tenemos nuestros límites. Si estás aspirando dar una presentación estelar que tome al mundo por sorpresa, es posible que desees evaluar tu situación. Establecer límites realistas para ti mismo es una excelente manera de acercarte a la tarea de hablar en público.

Recuerda que el público está de tu lado. La verdad es que nadie quiere ver a otra persona tener problemas en medio de su presentación. Es casi tan doloroso verlo como vivirlo en carne propia. Parte de conocer tus límites implica establecer objetivos y metas alcanzables.

Las metas son particularmente efectivas si está trabajando con un programa de terapia de exposición o de desensibilización. Puede preparar pequeños objetivos que lleven a metas más grandes. Dividir la tarea en pasos pequeños y fáciles de aprender es un enfoque efectivo para aprender algo nuevo.

Y la realidad es que estás aprendiendo muchas cosas nuevas en este proceso. No sólo estás desaprendiendo tu miedo, sino que lo estás reemplazando con nuevas experiencias y emociones. Estás aprendiendo los conceptos básicos de la presentación oral, a la vez aprendiendo cómo usar la energía nerviosa para tu beneficio.

La larga lista de aprendizaje que implica este proceso se abarca de manera más realista en pasos más pequeños y posibles, en lugar de hacer todos a la vez. Lo último que quieres hacer es lanzarte de forma contundente para dar un discurso público. Siempre debes ser consciente de tus límites.

Lecciones:

- Los objetivos demasiado grandes pueden ser contraproducentes

- Define metas y objetivos para ti mismo

- Divide la tarea de hablar en público en pasos pequeños

- Siempre puedes definir metas más grandes a medida que progreses

No Te Prepares en Exceso

La preparación previa a cualquier presentación oral es algo vital para el orador común. Algunos con talento natural pueden hablar por horas y horas, narrando ingeniosos e improvisados monólogos. Pero la verdad es que no tienes que ser Robin Williams para poder hablar en público.

No es necesario prepararse hasta el agotamiento, y hasta ensayar en exceso puede ser contraproducente. Las cosas rara vez van bien: una persona puede distraerte, también es fácil perder el hilo por un momento, o de repente puedes escuchar una risa entre el público sin ninguna razón aparente.

Todo esto es simplemente parte de hablar en vivo frente a un público. Cuando ensayas una y otra vez, preparándote para una presentación oral, puedes perjudicarte. Esto está fuera de tu área de de control. Cuando ensayas en exceso, probablemente te estás preparando para lo inesperado.

Por lo tanto, ensayar en exceso también puede ocasionar problemas si realmente te estás esforzando demasiado. Es fácil volverse demasiado entusiasta en tu enfoque. Puedes tratar de exponer demasiada información en un período de tiempo muy corto, o también puede que no estés preparado para momentos inesperados que exigen espontaneidad.

Lecciones:

- Ensaya de forma efectiva, pero no en exceso.

- Si sientes que te estás obsesionando, entonces estás preparándote demasiado.

- Está listo para esos momentos inesperados.

- Evita exponer demasiada información en una sola presentación.

- Aprender de memoria es la peor estrategia de aprendizaje cognitivo.

Todo está en la Voz

Quizás una de las cosas más comunes que ocurren en el proceso de hablar en público es ver cómo alguien se queda dormido durante la presentación. Cuando eres tú el que se duerme, sólo esperas que el orador no se dé cuenta. Pero cuando tú desempeñas el rol de orador, tú lo puedes notar y te preguntas qué estás haciendo mal. Trabajaste duro en tu discurso y pensabas que era algo bastante interesante. Entonces, ¿por qué se están quedando dormidos?

Bueno, no eres el único al que le puede pasar esto. Por alguna razón, este fenómeno es bastante común en las iglesias de muchos países todos los domingos por la mañana. Y esto le pasa a un predicador que es un orador hábil, y que tú pensarías que podría mantener la atención de esa multitud. Pero en muchas situaciones públicas, incluso si el orador tiene años de experiencia, puede que aún desconozca cómo cautivar al público.

Esto se debe a que existe una técnica para hablar en público que, si la aprendes temprano, te convertirá en uno de esos raros oradores que siempre son considerados "excelentes", sin importar la calidad de su material.

Esa técnica es bastante simple, y se trata de cómo usas tu voz. La voz es una herramienta maravillosa. Tiene el poder de expresar emociones, ideas complejas, humor o indignación. Y sin embargo, por alguna razón, muchos oradores cuando se ponen de pie para dar una presentación formal, pierden el 90% de la expresión en sus voces.

De repente, todos comenzamos a sonar como un aburrido profesor de matemáticas con una entonación monótona, incluso si de lo que hablamos es muy interesante, humano o emocional. Podrías hablarles acerca del día en que te enamoraste, o sobre cómo saltar en paracaídas, pero si lo cuentas en un tono monótono, la gente se quedará dormida.

Cuando estás relajado y hablas cara a cara con una persona, utilizas una enorme cantidad de entonaciones de forma natural. Lo que hace que los oradores empleen un tono monótono o limiten su entonación al hablar formalmente, se origina en el nerviosismo. Estás tan concentrado en hablar con claridad para que se entienda, que terminas por sonar como si estuvieras leyendo la guía telefónica.

Esto casi siempre ocurre si tienes escrito todo tu discurso y lo estás leyendo al público. Lo curioso es que nunca les leerías así a los niños. Es extraño que recurramos a esa forma de hablar cuando lo hacemos frente a un grupo de adultos.

Puedes aplicar dos grandes ejercicios para ayudarte a controlar tu rango vocal cuando hablas. Primero, realmente no es algo en lo que quieras pensar mucho cuando estás frente al público, porque entonces estarás demasiado consciente de tu propia presentación. Pero escucha a otros oradores y piensa cómo pueden mejorar su rango de tonos vocales. Eso te ayudará a comprender tu propio rango de expresión. Pero también ensaya tu presentación concentrándote en las ideas en sí, al igual que cómo las dices. No tengas miedo de expresar emociones en tu forma de hablar. Si el tema es emocionante, entonces suena emocionado. Si es preocupante, suena preocupado. Actúa como un ser humano y el público reaccionará.

Además, puedes utilizar mucha variedad en tu presentación, incluyendo el volumen con el que hablas y el ritmo. No se trata de gritar, pero cuando hablas en voz baja a veces y con más intensidad en otras, ese cambio repentino de tono y volumen puede llamar la atención del público y mantenerlos atentos.

De alguna manera, tu presentación oral toma elementos de la música ya que usas tu voz como un instrumento para asegurarse de que no sólo se brinda la información al público, sino que permanecen despiertos el tiempo suficiente para escucharla.

Hazlos Reír

En el maravilloso musical de Broadway "Cantando bajo la lluvia", hay una canción con el nombre "Haz Reír", cuya base es que la mejor manera para que cualquier artista teatral construya un vínculo con el público es usar el humor para sacarles una sonrisa o hacer reír a esa audiencia. Bueno, esa idea no sólo se aplica en representaciones teatrales. Es igual de útil cuando estás comenzando a desarrollar tu estilo personal como orador público.

Si revisas cualquier guía de autoayuda sobre cómo ser un

orador exitoso, una de las reglas de oro es abrir con un chiste. ¿Pero qué crees? Esta no es realmente una regla estricta. El humor es algo que tiene el mismo efecto en cualquier momento de la presentación, sea al principio, mitad, o en cualquier punto donde sientas que estás perdiendo la atención del público.

La psicología del público es algo gracioso, pero no en el sentido de que cause "risa"" La verdad es que cuando empiezas a hablar ante un público, es probable que te estén escuchando atentamente. Al principio, la mayoría de las personas sienten al menos curiosidad por ti y lo que tienes que decir, y se verán interesados por ti incluso si es sólo porque eres una persona nueva delante de ellas.

Si bien es cierto que no es una mala idea abrir con humor, el momento en que tu público necesita una broma es cuando se inicia la discusión, y miras cabezas que simplemente asienten, u ojos con la mirada perdida: allí es cuando sabes que estás hablando, pero nadie escucha realmente. En ese momento, el humor trae de vuelta al público y los vuelves a conectar con tu presentación.

El más grande problema que presentan muchas situaciones de hablar en público es que puedes estar exponiendo ideas a la multitud. Y aunque la idea sea buena, las personas tienen problemas para seguir atentos cuando sólo se habla de conceptos por mucho tiempo. Es por eso que la mayoría de los buenos oradores utilizan ilustraciones, historias y humor para mantener al público enfocado en el tema. Y allí es donde un uso abundante del humor puede contribuir con tu estilo de oratoria.

El humor tiene un efecto característico en la psicología humana que hace que el oyente se conecte con el hablante de una manera única. En palabras simples, el humor en tu presentación hace que le agrades a la gente. Y cuando les agradas, las personas quieren escuchar lo que tienes que decir.

Simplemente no se puede obviar el hecho de que la gente escuchará, aceptará, comprenderá y adoptará fácilmente las ideas presentadas con humor, que si se presentan en un material sin inspiración, incluso si es verdaderamente importante.

¿Pero qué pasa si no sabes usar el humor? Por supuesto, siempre puedes contar un chiste. Pero un chiste preparado es sólo eso, un intento por usar el humor de alguien más. Puede llegar a funcionar, (si es un buen chiste) pero si el humor no guarda relación con lo que estás hablando ni contigo como orador, a menudo no es tan efectivo como debería ser.

En realidad, el mejor tipo de humor son los comentarios autocríticos mientras habla. Estos son fáciles de lograr con tan solo usarte a ti mismo como ejemplo. Por ejemplo, si hablar en público fuera un tema que forma parte de tu presentación, podrías decir...

"Ya saben lo fácil que es tener la lengua atada y titubear tratando de hacer un chiste. Pero ustedes no va se van a enredar como yo".

Ni siquiera es un buen chiste, pero como guarda una relación estrecha con el tema, es autocrítico, y sirve para liberar la tensión durante la presentación, probablemente sacarás unas risas. Una carcajada es realmente todo lo que buscas. No estás tratando de convertirte en comediante de stand up.

En realidad, el humor que es demasiado irreverente y diseñado para provocar risas estridentes sirve meramente como distracción. Lo único que buscas son pequeños espacios con una naturaleza humorística para retomar la atención del público.

Escucha a oradores buenos que admires, y tome nota de cómo utilizan y abandonan el humor discretamente, con facilidad y sin esfuerzo, y la rapidez con la que se compenetran con el público. Se necesita práctica para ser bueno usando el humor mientras hablas, pero mejorará enormemente tu estilo de presentación. Y de eso se trata, ¿no?

Diles Algo Que No Sepan

Cuando un autor está tratando de encontrar un tema para su próximo cuento o novela, los profesionales clásicos de la escritura siempre aconsejan lo mismo. "Escribe sobre lo que sabes". Esto se debe a que si hablas desde tu propia área de especialización, hablarás con confianza y pasión. Y la confianza y la pasión no sólo contribuyen para una gran historia o novela, sino que también son elementos increíbles para cualquier evento de oratoria.

Cuando estás reuniendo lo que usarás para hablar frente al grupo, estás pensando en sorprender, así que necesitas ambos elementos: confianza y pasión. Pero además de eso, tienes que ofrecer algo para que sea perfecto.

Tienes que hablarles de algo que no sepan. Lograr un equilibrio entre lo que se conoce con lo nuevo y fascinante, será lo que debes considerar en tu investigación y preparación antes de hablar en público.

A veces, decirles algo que no saben podría ser tan solo un chiste nuevo que no han escuchado antes. O puedes abrir con una historia o anécdota fascinante para dar inicio a la charla.

Este enfoque puede atraer su atención y hacerles saber que esta será una forma interesante de abordar el tema.

Encontrar un chiste que nadie haya escuchado antes puede suponer todo un reto. Pero eso no está mal porque los "chistes" repetidos no son la mejor opción para tu discurso de todos modos. Es mucho mejor contar una situación divertida o muy entretenida de tu pasado que se relacione con el tema. Al contar la historia de esa situación con mucho humor y anécdotas, puedes entretener a tu público a medida que te adentras en tu discurso, pero al mismo tiempo que esté muy interesado en ti y en el tema.

A veces, encontrar material nuevo para tu público es algo obvio y fácil de identificar. Puede ser que hayas sido invitado a dar un discurso porque tienes cierto nivel de experiencia en un tema específico que tu público desea conocer.

Si estás dando un discurso sobre cómo armar tu propia PC desde cero, y sabes mucho sobre eso, ya tienes mucha ventaja en materia. Lo más probable es que tus oyentes aprenderán mucho con tu presentación y tendrán muchas preguntas listas para ti después de la charla. Es simple, les dijiste algo que no sabían.

Sin embargo, si tu tema entra un poco más en el área del conocimiento común, es posible que tengas que investigar para encontrar cosas que compartir, y que realmente sorprendan a las personas. Un depósito de datos poco conocidos se encuentra en lo que conocemos como trivias y mitos urbanos. Puede ser que estés preparando una charla sobre internet. Ahora, la mayoría de nosotros conoce bastante acerca de internet.

Pero con un poco de investigación, puedes descubrir mucho

sobre cultura general; por ejemplo, cómo surgió Internet, cómo funciona realmente Internet a nivel estructural, o si Al Gore realmente lo inventó (no, no fue él quien lo hizo).

Pero el internet también es un gran tema donde se pueden discutir literalmente decenas de mitos urbanos que harán de tu presentación más disfrutable. Desde cómo trabajar los virus, hasta conocer si ese príncipe africano te enviará 5 millones de dólares o no, estos datos pueden darte información para compartir y que tus oyentes probablemente desconocía (y ya que hablamos del tema, ya es hora de olvides los 5 millones).

Así que aborda tu investigación para preparar tu discurso con un buen contenido, pero también para incluir información que pueda ser entretenida o anecdótica, y así darles a tus oyentes algo de qué hablar más tarde durante el café. Si haces que tu discurso sea memorable, las personas te verán como un gran orador y probablemente te volverán a invitar.

Cuando Las Cosas No Salen Como Planeaste

Uno de los mayores temores que enfrentamos al hablar frente a una multitud puede ser una de tus mayores recompensas. Hablar en público es algo totalmente en vivo. Y eso significa que cualquier cosa puede pasar, y la verdad es que casi cualquier cosa podría acontecer en medio de tu presentación.

Así que para transformar tu miedo a lo inesperado por talento para manejar las interrupciones, piensa con anticipación qué harás si algo sucede y cómo harás que la multitud retome su atención en el tema para llevarlos a la conclusión que deseas exponer.

Dependiendo de cómo realices tu presentación y el tipo de escenario, las preguntas u objeciones del público podrían desviarte del curso. Esto sucede particularmente si realmente no esperabas tener una discusión tipo foro abierto.

Si te propones a dar tu presentación como un discurso y no como una discusión, y si alguien te interrumpe, lo primero que debes hacer es reconocer a quien interrumpe para asegurar a la multitud que tienes la situación bajo control. Tu público asiste a tu charla con la confianza de que tú estás en control del auditorio y es fundamental que mantengas ese control.

Ahora, si la persona que interrumpe está siendo insistente y demuestra sus intenciones de interrumpir el evento, es en ese punto cuando los organizadores deben saber intervenir y hacer a un lado a esa persona. Pero muchas veces la interrupción implica una pregunta muy lógica y educada, o una necesidad de aclaración.

Una regla general es que si una persona hace una pregunta, cuatro o cinco en el público también tenían esa pregunta en mente, pero no tuvieron el valor de interrumpirlo. A veces, la interrupción ni siquiera puede ser audible. Puede que sólo sea una mano en el aire o una expresión en el rostro que comunica claramente la necesidad de interactuar contigo.

Nuevamente, cuanto más pueda mantener la compostura y reconocer la pregunta, y luego responderla u obviarla de tu esquema, más confianza tendrá el público en ti. En muchos casos, la pregunta será respondida fácilmente por el material de tu presentación. No tengas miedo de decir: "Esa es una muy buena pregunta cuya respuesta está aquí en lo que he preparado. Así que regresaremos a ella en un momento". Cuando haces eso, es común que quien realiza la pregunta y el resto de la audiencia se rían entre dientes, y así puedes continuar en tu camino para culminar la charla, con tan solo asegurarte de resaltar el área del esquema mencionada en la pregunta.

Prepárate también para alguna pregunta válida para la cual no tengas una respuesta a la mano, o para preguntas que no guarden relación con lo que estás hablando en absoluto. Para que ambos simplemente reconozcan que la pregunta fue buena (incluso si no lo es), una opción es decir que investigarás un poco y luego regresarás a la persona con la información obtenida. Por lo general, esta es una respuesta suficiente para quien interrumpe, y Te permitirá continuar con tu programa.

Las preguntas no son lo único que puede salir mal. Algo podría dejar de funcionar debidamente en el escenario o en el público. Una persona podría caerse de su silla. Un pájaro podría entrar volando por la ventana. La lista de cosas inesperadas que podrían suceder es interminable. Nuevamente, así como lo hiciste con preguntas que no esperabas, la clave es mantener la compostura y el control. El público realmente se distraerá para saber si debe preocuparse o no por la interrupción.

Así que si mantienes la calma y manejas la interrupción con humor y una sensación de calma, eso también tranquilizará el estado de ánimo del público. Los efectos de la interrupción se minimizarán de inmediato y, ya que tu expresión dejó ver que estuviste a cargo en todo momento, el público responderá a tu liderazgo y te dará su atención para escuchar el resto de lo que tienes que decir.

Puedes lograr una sensación de control y calma al pensar cómo manejarás lo inesperado antes de pararte en el podio para dar una charla. Y como realmente esperas lo inesperado, puedes controlar esas cosas extrañas que sucedan para demostrar tu distribución del tiempo que tienes para hablar con el público. Si lo haces, esa interrupción será provechosa, y el resultado final será una presentación aún mejor de lo que hubiera ocurrido sin la interrupción.

TÉCNICAS EFECTIVAS PARA HABLAR EN PÚBLICO

Humor

La risa es una forma de liberar el estrés. Ten en cuenta que tu público también está bajo cierto nivel estrés durante la presentación. Los dos están juntos en esto, y una de las mejores estrategias para crear un ambiente agradable y acogedor es integrar el humor en este tipo de situaciones.

No tienes que inventar una serie de comentarios ingeniosos ni meterte de lleno en un libro de chistes. El humor es más efectivo cuando haces uso de tu energía nerviosa durante la presentación. Puedes crear una personalidad para hablar en público, o puedes ser tu mismo durante tu presentación. De cualquier manera, un enfoque humorístico puede lograr maravillas.

Existen algunos obstáculos que puedes enfrentar si te esfuerzas demasiado en tu lado humorístico. La comedia requiere un sentido magistral para identificar el momento oportuno. Evita tratar de crear una rutina de comedia. Sólo haz que tu presentación sea agradable, amigable y llena de energía. Recuerda que no puedes controlar todos los aspectos acerca de cómo responde tu público. La risa no es siempre lo que buscas.

La clave al adoptar un enfoque humorístico es concentrarte en lo que define tu propia personalidad, y que tu público se sienta cómodo. Esto implica sonreír, contacto visual (si es posible) y un buen uso de esa energía nerviosa. Piensa que ser humorístico muestra un lado simpático.

Crear Usa Situación Donde Todos Ganan

Cuando te diriges a la audiencia como una persona agradable y divertida, ayudas a crear una situación provechosa para ti, tu presentación y el público. Hay varios elementos que naturalmente acontecen a casi todos los oradores que parecen trabajar en su contra. Sin embargo, estos obstáculos también pueden ser utilizados en tu favor.

Momentos de Silencio

Una pausa silenciosa es una gran causa de ansiedad para muchos oradores, pero no tiene que serlo. De hecho, una pausa con suspenso puede ser una ayuda increíble durante una presentación, si se hace en el momento justo. Estos momentos le pueden dar a tu público tiempo para reflexionar sobre la información que estás presentando, y puede darte tiempo para preparar tu siguiente paso.

No todas las pausas están bien planificadas. A menudo, las pausas ocurren de forma accidental. Algunos oradores pueden verse paralizados por el miedo al tratar de superar esa pausa innecesaria. Un momento de silencio puede funcionar en tu bien o en tu contra. Cómo lo hará depende de ti.

Una forma rápida de evitar este momento potencialmente incómodo es simplemente repetir tu última afirmación con énfasis, y luego continuar. También puedes utilizar un poco de humor en el proceso, o simplemente avanzar como si el silencio fuera parte de la presentación.

Un pensamiento que siempre debes tener en cuenta es que

nada malo va a pasar. Si analizas los momentos de silencio, alguna interrupción o las preguntas difíciles como una oportunidad para avanzar, puedes crear una situación donde todos ganan en todo momento. Debes ver los obstáculos como oportunidad y aprovecharlos.

Errores

Los errores forman parte de ser un orador agradable y humorístico. A nadie le gusta un robot que no comete errores. Tus defectos pueden ser tu mayor ventaja. El público puede verse más reflejado en ti al apreciar un poco de tu imperfección, incluso durante la presentación.

Por ejemplo, imagina estar que eres parte del público cuando de repente una oradora pide un momento para retomar el hilo. "Mis disculpas. Solo me tomaré un segundo", dice ella. Ella respira profundo y muestra al público una sonrisa genuina y pronuncia un "Gracias" todavía más honesto. Esta es una apertura efectiva que hasta podría haber sido planeada desde el principio.

Mientras te muestres honesto, agradable y acogedor durante tu presentación, los errores que cometas tendrán poco efecto. De hecho, también puedes sacarles provecho, en especial si puedes darles un giro con un poco de humor. Si no, no te preocupes. La humildad puede tener el mismo efecto que el humor.

Humildad

Hay algo universalmente atractivo acerca de la humildad. Un público ama poder relacionarse con el orador en algún nivel. Las personas pretenciosas y con superioridad no generan un sentimiento de calidez y compasión. Puede parecer que la sugerencia es "sé tú mismo", pero no lo es.

Puedes crear una personalidad para que hable en público por ti. No es necesario esconder tu miedo, pero tampoco es necesario que te expongas en un nivel personal. Muchos oradores desarrollan una personalidad exterior que sólo utilizan para sus presentaciones orales.

Esto puede ser muy efectivo si tienes muchos conocimientos acerca de un tema dado. Tu personalidad puede ayudarte a discutir el tema mostrándote agradable. Esto funciona mucho mejor que una conferencia estéril impartida por un orador que lo sabe todo y ejecuta todo sin errores.

Hablar con Propósito

El propósito de tu presentación es la fuerza que motiva tu desempeño. Si la información que utilizas te parece tediosa e irritante, esto se reflejará en tu discurso a menos que seas un muy buen actor. Puedes hacer que cualquier tema parezca interesante si eres capaz de identificar de un propósito notorio.

Busca el valor en tu mensaje. A menudo, los oradores se dejan atrapar por su anticipación de la experiencia, sus miedos y cómo son percibidos por los demás. Si piensas en el propósito, el valor, y el discurso por encima de todo lo demás, no ocurrirán estos problemas.

Tener propósito te ayudará a crear una presentación significativa, motivada por la pasión y no por el miedo. Hablar con la intención de influenciar, informar o entretener no siempre basta. Encontrar valor en tu presentación también es de ayuda. En algunos casos, esto puede ser difícil.

Por ejemplo, puede que no veas el valor en atender y supervisar una reunión obligatoria en el trabajo. Sin embargo, la reunión es obligatoria por una razón. Busca y encuentra esa razón. Crea un valor y da tu discurso con propósito.

Puntos Clave

Te puede sorprender lo mucho que puede hacer un poco de información. En la mayoría de las situaciones, sólo necesitas tres o cuatro puntos principales, sustentados por evidencia o investigación anecdótica. Las anotaciones también son una ayuda maravillosa.

Ten en cuenta que las personas rara vez recuerdan todos los detalles de un evento público. El proceso auditivo es bastante complejo, y la información excesiva puede ser abrumadora. Lo ideal es que la información sea concisa y acorde con el propósito. Esto es fácil de lograr eligiendo tres o cuatro (o hasta menos) puntos clave.

Cuando hay demasiada información, demasiados datos y detalles difíciles de recordar, estos pueden perjudicar tu presentación. Esto puede tener dos consecuencias. Tu público puede confundirse acerca del mensaje central y tu propósito. Deben tratar de clasificar qué es importante y qué no.

También podrías estar ocasionándote estrés al tratar de exponer demasiado durante el discurso. Debes darte espacio y recordar que el público necesita tiempo para procesar la información. Hacer énfasis en los mismos puntos clave a lo largo de la presentación ayudará a que las personas recuerden, y te ayudará a mantenerte enfocado.

Brevedad

Hablemos rápidamente sobre la brevedad. Probablemente has escuchado que la brevedad es la naturaleza del ingenio. Esto es bastante cierto. Un lenguaje claro y conciso puede hacer maravillas en una presentación. Tu público será capaz de retener más información si puede mantenerse enfocada.

Las pausas bien planificadas, la inflexión y el énfasis pueden ayudarte a dar una presentación breve, que puede ofrecer mucho más que una conferencia aburrida. Tú tienes el control de los puntos clave, y tienes la capacidad de ayudar a tu público a reconocerlos y retenerlos.

Autopercepción

Tu autopercepción es un factor de suma importancia. No te veas a ti mismo como un orador. ¿Por qué compararte con otros? Puedes desarrollar tu propio estilo, ya sea que quieras ser tu mismo o trabajar en una personalidad para mostrar al público.

Tampoco debes sentir que tienes que ser un orador profesional para hacerlo bien. Todo lo que necesitas es pensar en el público, tu mensaje, y la mejor manera de exponer ese mensaje. Pensar en ti mismo como un orador puede tener como consecuencia imaginar expectativas inalcanzables y sentimientos de ineptitud.

Lo que realmente quieres hacer es que tu presentación se trate del propósito en vez de sobre ti. Preocuparse demasiado por cómo los demás te perciben es una pérdida de tiempo. Esto es algo que está fuera de tu control. Mírate a ti mismo como un mensajero con un propósito. Esta perspectiva puede ser lo que te hacía falta.

Crear un Problema y Luego Resolverlo

Qué tan bien ejecutes tu presentación la próxima vez que subas al podio dependerá de varios factores; pero uno que sí puedes controlar es tu guión, la forma en que organizas el contenido y cómo se presenta el material a esa multitud puede cautivarlos por completo y llevarlos poco a poco a la conclusión, o puede aburrirlos completamente hasta quedarse dormidos.

Todo depende de cómo construyas tu presentación y cómo expones lo que quieres que sepan durante la charla.

La diferencia entre una gran conferencia y una aburrida es simple. Una conferencia grande es convincente, llega al corazón de la experiencia común, aborda algo que todos hemos vivido y una necesidad que todos experimentamos.

En resumen, una gran conferencia es capaz de resolver un problema. Entonces, para crear una presentación que llegue al público y atrape su atención durante todo el transcurso de la misma, debes exponer un problema para ellos. Y luego tienes que resolverlo.

El momento para introducir el problema es durante tus comentarios de apertura. Primero que nada, no temas a verte un poco dramático durante tu apertura. Recuerda que el objetivo de la apertura es captar la atención del público y mantenerla durante toda la conferencia.

Así que formula el problema de manera personal, muestra de qué manera es significativa a nivel personal para el público y para ti. Te puedes tomar el primer 20% del tiempo de la charla para presentar el problema. Cuando hayas creado soltado a ese gran monstruo en la habitación, el público estará listo para que los guíes hacia la solución.

Ahora que la multitud está "en la palma de tu mano", puedes pasar directamente a la descripción de la solución perfecta. La fase de solución de tu discurso se puede dividir en dos. Primero, describe cómo sería la solución perfecta. Aún no debes proponer directamente tu solución. Basa tu descripción de la solución perfecta en el problema formulado para contar con un aspecto de la solución que se adapte a todos los problemas posibles creados en la primera parte de tu presentación.

La siguiente fase es la penúltima, y se debe ejecutar cuando reste un 50% del tiempo. En este momento, el público está en el lugar ideal para escuchar tu solución.

Use entre un 30 y 40% del tiempo total para presentar la solución propuesta, ajustándola completamente según tu discusión del problema, y al esquema de cómo se ve una solución perfecta. En este momento, el público está ansioso por conocer la solución. Todo lo que estás haciendo ahora es terminar de exponer la idea.

Si seguimos un enfoque tipo "trabajo final" estándar para un programa, la fase final sería resumir y repasar lo que acabamos de discutir. Pero no vamos a seguir ese patrón, porque este es el momento donde verás los frutos.

En tu cierre, finalmente revelarás el curso de acción a tomar. Al ofrecer a tu público lo que pueden hacer para dar el primer paso y poner en marcha tu solución, estás viendo los resultados de toda esa energía que creaste en el primer 80% de tu discurso.

Ahora es momento de cerrar el trato y ofrecer ideas concretas y "en el presente" que pueden hacer para reconocer el problema y poner en marcha las acciones necesarias para hacer que la solución se vuelva una realidad. Si es posible, haz que el primer paso para implementar esa solución se dé allí mismo en esa sala de conferencias. Eso podría suponer una suscripción a un boletín informativo, proporcionar una dirección de correo electrónico, o ir a otra sala para obtener más asesoramiento y continuar la discusión.

Sabes lo que es. Pero al usar esa energía, estás convirtiendo a oyentes pasivos en participantes activos. Y todo esto fue posible gracias a un esquema de presentación bien diseñado y bien ejecutado.

Dar Ejemplos, una y otra vez...

Cuando un orador pierde la atención de su público, a menudo le parece un misterio; pero no lo es para el público. La verdad es que muchos de los discursos que escuchamos dan muchas vueltas en alguna teoría o idea.

Y nosotros, como seres humanos, tenemos problemas para concentrarnos en una idea abstracta por mucho tiempo sin perder el interés. Esta es una de las muchas razones por las que una de las reglas principales para hablar en público es emplear muchas anécdotas y ejemplos para asegurarse de retener la atención de los oyentes.

Algunos oradores menosprecian la necesidad de que el público forme una conexión con el orador a través de ejemplos concretos. Pero esta es una forma básica de comunicación humana. De hecho, algunos de los mejores oradores del mundo han reconocido que si un orador no puede expresar sus ideas con ejemplos concretos, entonces ese orador aún no comprende bien esas ideas.

Se deben usar las historias y el humor tan pronto como comience la conferencia. Uno de los problemas que supone hablar en público tiene que ver con la velocidad de procesamiento. La ciencia nos ha demostrado que la mente humana puede pensar al menos 10 veces más rápido de lo que puede escuchar.

Eso significa que cando estás hablando con un grupo, sus

mentes tienen 90% del tiempo libre para otras cosas. Si les da una historia concreta con la cual trabajar, los detalles de esa historia ponen a trabajar ese exceso de capacidad mental.

Al abrir la charla con un ejemplo ligero, puedes atrapar la mente de tu audiencia rápidamente. El mejor tipo de historia para abrir es de tipo humorístico, especialmente si se trata de una anécdota de tu pasado. Este método no solo es una forma maravillosa de dar inicio a tu conferencia con una historia agradable, sino que también forma una conexión con el público y abre al orador a la audiencia, lo cual causa ese vínculo.

Al seleccionar la historia humorística perfecta para la apertura, utiliza dos criterios para elegir el ejemplo perfecto. Primero, seleccione una historia que se relacione con el problema a resolver durante la presentación. Si el problema tiene una tonalidad abstracta, como el hambre espiritual o la teoría política, esto puede ser complicado. Pero trata de ser lo más acertado posible con el ejemplo, al menos lo suficientemente como para poder preparar una transición y llevar al público de la historia al concepto que deseas discutir primero.

Segundo, conecta tu historia de apertura con cada ejemplo en tu exposición del tema. De esta manera, cada paso que des los ejemplos llegarán al público, evitando que su atención se desvíe y trayéndolos de vuelta, y así pensarán en lo que tú quieras durante esta parte de la presentación.

Es fácil saber si estás perdiendo la atención del público. Cualquier orador ha dado un vistazo y ha visto cómo la audiencia comienza a perder interés en lo que se está diciendo. Los ojos comienzan a mirar a otros lados. A menudo, se verán interesados por algo en su regazo o en sí mismos. Es posible que los veas escribiendo, pero probablemente no sean anotaciones sobre tu charla.

Puede que sus cabezas se muevan de un lado a otro, o simplemente veas cómo se empiezan a dormir por completo. Entonces, cuando veas estas señales, sabrás que tu presentación ha dedicado demasiado tiempo a las ideas teóricas. Necesitas volver atrás y pensar en una combinación diferente de ideas y ejemplos.

Un buen ejemplo al menos mantendrá al público involucrado en la discusión. Pero un gran ejemplo en realidad se convertirá en parte de la presentación, así que podrás contar la historia y luego proceder a usar elementos de la misma para tratar los siguientes puntos en tu charla conceptual. Cuando funciona bien, dejarás de perder al público porque la historia concreta sirve para anclar perfectamente el resto de la presentación.

Así que debes aprender el arte de contar una buena historia. Cualquier narrador de historias profesional nos dirá que el corazón de una buena historia son los detalles. Pero en un entorno de conferencia, las historias deben ser breves pero fáciles de comprender. Si tiene humor, esa es la mejor historia de todas, pero por encima de todas las cosas, la historia debe tener personalidad.

Y también debe ayudar a que el público se conecte con la charla, y a comprender las ideas que deseas que capten. Si eso sucede, y tu discurso se hace más fuerte como resultado, te alegrarás de haber seguido el mejor consejo de los expertos en oratoria: dar ejemplos, una y otra vez.

Mantener la Atención al Hablar en Público

Una situación donde se habla en público puede ser bastante intimidante, incluso para aquellos profesionales más experimentados en el arte de la oratoria. Esto se debe a que, al hablar frente a un público en vivo, nunca se sabe qué va a pasar. Sin importar las situaciones extrañas que puedan ocurrir con el público o la sala, tú como ser humano podrías estar sujeto a lapsus momentáneos de la memoria, que a menudo son provocados por nerviosismo o simplemente al desviar la mirada hacia arriba y ver todos esos ojos que te miran fijamente.

Mucha de la disciplina necesaria para hacer una presentación en público es establecer una estructura interna para tu charla que te ayude a permanecer dentro de tu tarea, y mantener el enfoque de tu tema durante todo el tiempo que estés hablando.

Esa estructura también puede ser de gran valor para ayudarte a medir el tiempo de hablar y realizar ajustes, de modo que expongas las partes más importantes de tu charla, presentadas dentro del marco de tiempo asignado, incluso si eso significa omitir partes menos importantes de la presentación.

Hay una instrucción simple que siguen muchos oradores donde se ofrece una guía puntual para esa estructura. Es algo como esto...

- Diles lo que vas a hacer.
- Haz lo que dijiste que ibas a hacer
- Diles que lo hiciste.

Este simple lineamiento puede parecer demasiado simple, pero es el núcleo de lo que hace que una buena presentación funcione. Además, la simplicidad también te ayuda a mantenerte enfocado bajo la presión de una situación de hablar en público. Así que cualquier herramienta que pueda hacer eso es buena.

Comienzas por decirle al público qué debe esperar durante tus comentarios de apertura. Esos comentarios también tienen un efecto al brindar información personal de ti, un saludo al público y quizás algo de humor para establecer el ritmo de la charla. Después de haber dado inicio al discurso, lo siguiente es establecer cuál es el tema. Pero para hacer eso, el mecanismo más efectivo es formular del problema. Al expresar el tema como un problema convincente y muy real para tu público, eso genera interés ya que la multitud dice mentalmente: "Sí, tengo ese problema. Ahora dime cómo me ayudarás a resolverlo".

Aquí es donde les dices lo que vas a hacer. El cuerpo de tu discurso suele ser una discusión de tres a cinco puntos sobre cómo solucionar el problema. No menciones todo lo que implica tu discurso, sino que debes hacerles saber el terreno que estás a punto de abarcar.

Esto no solo les da a tus oyentes un mapa de lo que pueden esperar, sino que les permite saber que sabes lo que estás haciendo y cuándo se hará. Esto acaba con el miedo secreto a que el orador pierda el control, algo que muchos temen al asistir a las presentaciones.

Una vez que traces esta hoja de ruta para el resto de tu conferencia, esto le dará al público una buena idea de hacia dónde te diriges. Al exponer esta información desde el principio, se reduce el impulso de interrumpirlo porque saben que tienes un camino por recorrer y no quieren desviarte de ese camino.

Ahora es sólo una cuestión de pasar por cada una de las áreas descritas para hacer por tu público lo que dijiste que harías: ofrecer una solución al problema formulado. Por supuesto, tu discusión detallada tendrá más contenido que la vista previa expuesta. Pero si continúas transmitiendo al público en qué parte de ese esquema se encuentran, y cada vez se acercan más a la meta, eso los mantiene interesados y seguros de que este es un programa organizado del que forman parte.

Siempre es bueno informar a los participantes cuando se acercan al cierre. Muchos oradores usan un indicador simple como "Déjenme hacer énfasis en esto, y ya como palabras de cierre..." para dar al público una señal de que la presentación está casi terminada.

Esto es una especie de acto de cortesía común y una forma profesional de dar una presentación. Y si tratas al público con respeto de este modo, diciéndoles lo que vas a hacer, haciéndolo y luego diciendo que lo hiciste, te convertirás en un orador que recibirá buenas críticas y será invitado nuevamente para dar más presentaciones regularmente.

AYUDA Y SOPORTE

Contar con el apoyo de los demás es crucial para tener éxito en tus esfuerzos para superar el miedo a hablar en público. Hay una serie de caminos diferentes para explorar en el ámbito del apoyo. Los amigos y familiares pueden ser una enorme ayuda, y hay grupos que están diseñados para asistir a las personas con esta misma ansiedad y miedo que tú.

Piensa en los diversos recursos a tu alcance. Algunas personas encuentran alivio a través de la hipnosis. Otros prefieren unirse a grupos para maestros de ceremonias. Los cursos y clases para hablar en público pueden ser muy beneficiosos. Muchos se sienten felices de trabajar con amigos y familiares para practicar y perfeccionar sus habilidades.

Amigos y Familiares

Practicar frente a amigos cercanos y familiares es una forma increíble de abordar la actividad de hablar en público. Puedes comenzar exponiéndote gradualmente a pararte frente a una multitud desde un entorno seguro y controlado. Después de algo de práctica, te sentirás mucho más cómodo en el rol de orador.

Este es un aspecto fundamental de la terapia de exposición y desensibilización. Sabes que estás en un entorno seguro. Nadie te juzgará y la práctica será una experiencia placentera. Es importante recordar que las cosas no tienen que ser perfectas.

Selecciona a tu público sabiamente. Con suerte, tendrás un

pequeño grupo de amigos y familiares que estarán dispuestos a ofrecer una respuesta honesta. Deben ser capaces de mostrar un interés genuino en ver tu éxito. Esta es una gran oportunidad para averiguar si estás hablando con un propósito. Las críticas constructivas deben abarcar tus puntos principales.

Clases para Hablar en Público

Puede que no te parezca muy atractiva la idea de asistir a una clase para hablar en público. Es posible que prefieras ir al odontólogo para un tratamiento de conducto. Sin embargo, la mayoría de las personas que toman estas clases sienten la misma ansiedad y miedo que tú. Hay muchos beneficios al asistir a este tipo de cursos.

Las clases ofrecen técnicas útiles, diseñadas para ayudarte a dar discursos exitosos. Estos consejos y trucos también pueden ayudar a mejorar tu confianza, y también a superar tu miedo.

Puedes aprender a concentrarte en el propósito, el estilo y la técnica en lugar de cómo los demás pueden percibirte es un enfoque fantástico para hablar en público. Aquellos que enseñan estas clases pueden ofrecer un método sistemático para el aprendizaje y ayudarte a identificar las estrategias que funcionarán para ti. Esto también es útil al adoptar un enfoque cognitivo en lugar de uno emocional.

Hipnosis

La hipnosis es otra herramienta valiosa que puedes explorar. Recuerda que tus miedos están arraigados en procesos de pensamiento al igual que las reacciones físicas de tu cuerpo ante situaciones de miedo intenso. La hipnosis puede ser vista como un atajo en el proceso para superar el miedo a hablar en público.

La hipnosis no es necesaria para todos. Un proveedor de servicios médicos calificado debe ser tu guía en este proceso. Las técnicas comunes utilizadas por los profesionales incluyen visualización y relajación. Este enfoque es ideal para alguien que tiene dificultades para hacer su miedo a un lado.

Toastmasters International

Toastmasters International (organización internacional para maestros de ceremonias) es quizás el recurso más valioso disponible para ti en tu camino hacia superar el miedo a hablar en público. Esta organización ofrece una amplia lista de servicios y apoyo, diseñados específicamente para la tarea de ayudar a los demás a superar sus temores.

Esta organización ofrece una gran cantidad de información y recursos que son específicos según tus necesidades. Cualquier persona que tenga miedo a hablar en público puede beneficiarse de Toastmasters International. Incluso quienes no comparten el mismo temor pueden aprovechar la información y los recursos que esta excepcional organización ofrece.

La información abarca desde consejos y trucos básicos para ayudarte a superar tus temores, hasta historias inspiradoras. Hay un gran sentido de camaradería y pertenencia. Toastmasters International tiene algo que ofrecer a personas con capacidades de todos los niveles.

También puedes buscar una organización cerca de ti que ofrezca servicios y apoyo. Incluso podrías sentirte inspirado para abrir tu propio club por medio de este recurso, una vez hayas dominado el arte de hablar en público.

No Temas a la Pausa

Si llegas a escuchar a oradores experimentados, es fácil ver algunas diferencias reales en la forma en que dan su presentación, a cómo tú conduces una charla cuando te piden que hables en público; pero aprovechar cada oportunidad para escuchar a diferentes oradores públicos y aprender de ellos es un buen ejercicio que te puede ayudar a largo plazo.

De los oradores que no son exitosos, estudia por qué no lo son, y aprende cómo corregir esos problemas en tu propia presentación. En el caso de aquellos que son excelentes, aprende qué funciona y copia sus métodos sin sentirte avergonzado por ello. Se trata de aprender unos de otros.

Algo fácil de notar cuando un orador experimentado tiene al público en la palma de su mano es que se le ve totalmente relajado. Se trata de una relajación calculada. De hecho, la mayoría de los métodos que usan, como mover las manos, el rango vocal de su voz, hacia dónde mira y el modo en que se mueve, se planifican cuidadosamente, y forman parte de esa presentación y de quién es el orador.

Y todas esas cosas llegan con el tiempo y la práctica. Entonces, si necesitas estar unas cuantas veces frente a un grupo, o una docena de veces hasta que comiences a sentirte relajado, no seas despiadado contigo mismo y permite que hablar en público sea el tipo de cosas de las que puedes leer todo el día, pero que no harás bien sino hasta que te salga bien.

Una cosa muy evidente en un orador que está cómodo con su propio estilo es que, para la mayoría de nosotros, la idea de una pausa es aterradora; pero nota cómo esos oradores preparados a menudo toman pausas y dejan que esos momentos de silencio transcurran en una presentación. Para un orador común, cuando esa pausa ocurre, es posible que se sienta tan aterrorizado como si te estuviera sucediendo a ti.

Pero no te preocupes. Como has podido notar, ese orador experto utiliza esas pausas para generar interés y no teme dejar que su presentación se detenga por un momento, ya sea intencionalmente, para revisar notas, o hacer algún otro ajuste.

La pausa es en realidad una poderosa herramienta de comunicación que, si llegas a dominarla, puedes usarla antes de decir algo importante, conseguir dramatismo, o simplemente despertar a un público que puede haber comenzado a quedarse dormido. Esto se debe a que cuando hablas, si su presentación es algo larga, es fácil que las personas se relajen al punto de entrar en un trance involuntario.

Para la mente es fácil vagar, y eso es justo lo que le pasa a la gente cuando se duerme mientras hablas. Hacen un seguimiento continuo del sonido de tu voz y el ritmo melódico de tu forma de hablar al público.

Cuando comienzas a usar pausas y cambios en el tempo de tu presentación, rompes ese ritmo natural de tu forma de hablar. Las pausas harán que el público fije su atención nuevamente, y de repente estarán atentos con esa mirada de "¿Qué me perdí?" en sus caras. Esa es una herramienta real que te puede ayudar a mantener al público enfocado, y particularmente útil cuando te estás acercando a un punto que es una parte importante de lo que tienes que decir.

La mayoría de nosotros, cuando apenas conocemos la experiencia de hablar en público, sentimos pavor a las pausas en nuestra presentación. Ese momento en el que no estás hablando y el público te está mirando, lo único que puedes sentir es cómo estás cayendo en ese precipicio. Pero la realidad es otra: todo lo que has hecho es enfocar la concentración del grupo en ti y en tu charla. Así que no temas a la pausa. Si se usa con precaución y moderación, puede ser la herramienta de comunicación más poderosa para ayudarte a decir algo importante.

El Secreto Mejor Guardado para Hablar en Público...

Cualquier guía para alcanzar el éxito en cualquier iniciativa o proyecto te dirá que no hay una fórmula mágica para lograrlo. Pero en muchos ámbitos de trabajo, parecen haber algunos "secretos internos". Y aceptar el reto de volverse un verdadero orador público es una ambición noble. Pero si pudieras aprender estos secretos internos que marcan la diferencia entre ser un orador bueno y uno excelente, esto te ayudaría a facilitar la transición.

La verdad es que existe un gran secreto sobre qué hace que los oradores que realmente brillan frente a un grupo sean tan geniales. Pero no estamos hablando de magia o algo que puedes tomar como una píldora y una hora más tarde estás listo para salir a deslumbrar a la multitud. Es un proceso muy simple que ya conoces muy bien. Se trata del clásico trabajo y preparación.

Cuanto más te prepares con antelación para una presentación, mejor podrás hablar en público. Ya conoces ese sentimiento de miedo que sientes al hablar frente a una multitud. Bueno, puede que no seas capaz de identificar el verdadero sentimiento que te afecta porque ¿quién puede pensar cuando se está muerto de miedo? Pero muchas veces, esa sensación aparece porque no estás completamente preparado, y no sabes qué hacer o cómo te irá porque la planificación no es tan buena como debería ser.

Si trabajas duro en tu discurso, esto hará toda la diferencia del mundo cuando te levantes para dar la presentación. Primero que nada, asegúrate de que el contenido cumpla con tus estándares. Tu discurso debe ser convincente y fascinante para ti. Y si esa presentación está llena de un material excelente, no sólo te fascina, sino que también estarás ansioso por subir allí y compartir lo que sabes con esa audiencia.

Y ese entusiasmo por hablar es un sentimiento muy refrescante al reemplazar ese terror que sentiste cuando no trabajaste duro con antelación, y así asegurarte de que el material estuviera bien preparado.

Tu público también notará ese gran cambio de actitud. El entusiasmo es algo contagioso, y si te paras frente a ellos, apenas conteniendo tu emoción porque eso que vas a compartir es simplemente genial, estarán igual de ansiosos por escucharlo. Es como cuando alguien te dice: "Hey, ¿quieres saber un secreto?" E inmediatamente te mueres por escuchar ese secreto. Esa es la actitud que reconocerás en tu público cuando subas al podio, quien no sólo está dispuesto sino también entusiasmado, y contarles lo que hay en ese discurso.

Cuanto más estén en tu mente ese discurso y los detalles de la presentación, más confianza tendrás frente a la multitud. Si tienes esa presentación prácticamente memorizada, tan pronto empieces a hablar, observarás más a la audiencia y solo tendrás que echar un vistazo a tu discurso para mantenerte al tanto sobre el siguiente punto a tratar.

Esa es una habilidad impresionante que debes desarrollar, y una gran ventaja al hablar frente a la multitud, porque conoces ese material de memoria y siempre tienes una meta a lo largo de tu presentación.

Tendrás que trabajar bastante para alcanzar ese nivel de confianza en tu material. Ensayar varias veces tu presentación ayuda mucho. Prepara una apertura dinámica que exponga el problema a las mentes de tu público, y luego procede a resolver ese problema.

También conoce a profundidad la línea de navegación de tu presentación, y prepara transiciones de un punto al siguiente. Esto te ayudará a no quedarte atrapado en una parte del discurso y a no tener transiciones incómodas, lo cual provocará nervios en ti y en tus oyentes.

Para finalizar, planea el cierre de tu discurso. Hay una conclusión a la que quieres que llegue tu audiencia. Asegúrate de conocer todos los puntos importantes, y qué partes de tu discurso son "opcionales", que sólo están ahí para ejemplificar o para rellenar tiempo. Así podrás saber qué obviar si el tiempo se agota, y aún así podrás exponer tu punto y hacer un buen cierre.

Si tu discurso tiene un buen contenido, entusiasmo, excelentes puntos para resolver el problema, y un cierre contundente, no solo lograrás sentirte bien al respecto, sino que tu público aplaudirá el trabajo realizado. ¿Y no sería esta una buena forma de terminar la experiencia de hablar en público para ti?

TODO EN CONJUNTO

Conocer bien los conceptos básicos del miedo a hablar en público puede ayudarte a superar esa ansiedad abrumadora asociada a esta actividad. Es importante determinar qué tan grave es tu condición personal cuando se trata de este miedo. Una vez que hayas comprendido bien tu condición individual, es momento de comenzar a tomar medidas.

Evaluar tus necesidades particulares es un componente importante para alcanzar el éxito. Puede ser que aplicar un enfoque cognitivo funcione de maravilla para ti, o puede que tengas que ir un poco más lejos y buscar ayuda profesional a través de un médico o hipnotizador profesional.

Recuerda que no eres el único con este miedo. Muchas personas experimentan las mismas respuestas emocionales y físicas que tú ante la noción de hablar en público. Hay muchas razones por las que debes tener esto en cuenta al lidiar con este temor en particular. También hay muchas historias inspiradoras que te pueden motivar.

Por último, siempre puedes elegir poner estas teorías en práctica. La práctica de diversas técnicas y enfoques puede ayudarte a superar esos temores. Saber cómo superar el miedo a hablar en público no es suficiente, también necesitas desarrollar un enfoque personal que funcione para ti.

Miedos y Fobias

El miedo es una respuesta importante y natural ante diversos objetos y situaciones. Como sabemos, esta emoción fundamental es valiosa para la supervivencia. A veces puede parecer que tener miedo a hablar en público es irracional. Sin embargo, la idea principal de enfrentarse solo a una multitud hace que la naturaleza inherente de este miedo sea algo muy razonable.

Una fobia es un miedo irrazonable e incapacitante, que previene que una persona pueda tomar parte en actividades comunes. En algunos casos, la fobia a hablar en público (mejor conocida como glosofobia) puede ser la verdadera razón de los temores abrumadores de una persona.

Estableciendo tu Estado Personal

El miedo puede llegar a ser una emoción tan intrínsecamente poderosa que a veces es difícil determinar si estás sufriendo de solo miedo escénico, o si tienes una condición de glosofobia. Hay varias cosas que puedes considerar para determinar qué tan grave es realmente tu condición.

Si no puedes funcionar normalmente en tus actividades diarias debido a la posibilidad remota de que tengas que hablar en público, es probable que necesites la ayuda de un profesional. Una fobia puede ser tratada efectivamente y es posible que te sorprenda lo efectivo que puede llegar a ser el tratamiento.

Evaluando tus Necesidades

Todos tenemos necesidades diferentes. Nuestros recuerdos y experiencias son únicos, y qué tan grave son nuestros temores puede variar de persona a persona. Lo primero es tratar de dar pequeños pasos visualizándose a sí mismo hablando frente a un público pequeño. ¿Te ves capaz de enfrentar esta situación o te sientes aterrorizado con sólo pensar en ello?

Quizás la hipnosis o la terapia profesional sean una opción más viable para ti. En los casos más severos, algunas personas pueden necesitar medicamentos para tratar la condición. Algunos son capaces de inhibir las respuestas al miedo, ayudando a la persona a enfrentar la situación de manera más efectiva.

Para otros, adoptar un enfoque cognitivo los ayuda a ver la actividad de hablar en público en un nivel racional, en lugar de uno emocional, hace maravillas. Puede ser que trabajar en colaboración con compañeros en una clase o curso de oratoria ofrezca mayores beneficios, o puedes buscar la ayuda de un grupo muy cercano de amigos y familiares.

Como se mencionó antes, Toastmasters International es un recurso ideal de ayuda e inspiración para casi todos los que temen hablar en público. Esta organización se dedica a ayudar a las personas para superar este miedo en particular.

Un Problema Universal

Porque una persona sea valiente, no significa que no siente miedo. Lo que hace a un individuo alguien valiente es su capacidad para enfrentar y superar sus miedos. Pocas personas son inmunes al miedo de hablar en público. Este es un sentimiento natural que debe ser reconocido. Los esfuerzos que realices para tomar control de tu miedo son los elementos que conforman la verdadera valentía.

Respuestas Naturales

Las respuestas físicas y psicológicas al hablar frente a una multitud son completamente naturales. Lo único es que varían mucho de persona a persona. Síntomas como resequedad en la boca, temblar y problemas para respirar son comunes en cierto nivel. Puedes practicar y trabajar mucho para usar estas respuestas de una manera positiva.

Todas las respuestas naturales del cuerpo pueden considerarse fuerzas de energía. Tú puedes aprovechar esa energía y transformarla en una fuerza positiva que facilita tu presentación. Esa energía nerviosa puede ser tu mejor aliado.

El Público Está de Tu Lado

Dado que el miedo a hablar en público es algo en cierta medida heredado, es muy fácil reconocer que el público frente a ti siempre es comprensivo. Casi todos pueden relacionarse con el miedo que sientes. En lugar de ver a la multitud como un obstáculo, trata de verlos como una alianza.

El público está allí por una razón. Hay un propósito válido para tu presentación. Una vez que concentres tu energía en atender las necesidades de ese público y en tu propósito, te olvidarás de tus temores.

Recuerda que la humildad y el humor en la presentación es otro gran enfoque para trabajar frente a un público. Reconoce que ese grupo también comparte tus temores y respetan tu valentía. Volver a ver tu público durante tu presentación es de mucho beneficio.

Tu autopercepción también es una herramienta poderosa. Quienes intenten acercarse a la actividad de hablar en público con la noción de que tienen que ser extraordinariamente talentosos, inteligentes e ingeniosos, probablemente se sentirán agobiados. Piensa en ti mismo como un individuo con un propósito.

Hay una energía que fluye entre el orador y el público. Puedes tomar esas mismas cosas que te ponen nervioso y usarlas en tu beneficio. El mejor enfoque es reconocer que tanto tú como el público están en esto juntos.

CONCLUSIÓN

Una estrategia para superar esta emoción es redefinir tu autopercepción. No te veas a ti mismo como un orador que para frente a una multitud, sino como una parte integral del público. Eres una extensión del conocimiento y la información que ese público necesita y quiere conocer.

Superar cualquier temor requiere bastante práctica. Diferentes niveles de intensidad exigen diferentes tipos de enfoques. Cada persona es un individuo con experiencias y asociaciones únicas. Lo mejor es conseguir un enfoque individual que funcione para ti.

Aplicación Práctica

No basta con sólo conocer algo. Almacenar información en la parte posterior de tu cerebro no da muchos resultados. Se necesita esfuerzo para poner la teoría en práctica. Una vez que haya decidido qué enfoques probar, el siguiente paso es el esforzarte.

La aplicación práctica de lo que has aprendido puede comenzar con algo tan simple como imaginarse a sí mismo dando un discurso en público. El público puede ser tan pequeño o tan grande como quieras. Esta estrategia es ideal para aquellos que realmente no saben si tienen miedo o fobia.

Utilizando Tu Conocimiento

Tu base de conocimientos debería poder ayudarte a reanalizar la situación. Ya no eres el orador. Las expectativas son realistas y puedes adoptar un enfoque objetivo y cognitivo para la actividad. Pensar así requiere práctica. Ver más allá de las respuestas emocionales es un arte en sí mismo que requiere control y dominio.

Perfecciona tus habilidades preparando un pequeño discurso que contenga una sola idea principal. ¿Eres capaz de exponer ese punto con propósito? ¿Sientes la necesidad de hablar durante cada segundo de la presentación? Da dos pasos atrás y evalúa tu progreso.

Tomar un enfoque objetivo ante una situación de miedo puede necesitar que profundices en el origen de tu miedo. Piensa nuevamente en cómo el cerebro está diseñado automáticamente para responder de cierta manera y tu sistema nervioso hace que tu cuerpo reaccione igual. ¿Eres capaz de reconocer estas respuestas de manera objetiva?

Utilizando Tus Recursos

Una de las mejores cosas que puedes hacer para dar tus primeros pasos hacia la superación de tu miedo escénico es explorar todos los recursos disponibles. Uno de los recursos principales es la organización Toastmasters International. Allí se ofrece una enorme cantidad de información y hay un gran sentido de pertenencia en estos grupos de apoyo.

Amigos, familiares y asociados de confianza también pueden ofrecer apoyo. Es útil saber que estos recursos sean abiertos y honestos en sus reacciones. Así puedes llegar al centro de tu miedo practicando esta actividad en un entorno seguro, rodeado de personas que realmente tienen interés en que alcances el éxito.

Si crees que tu miedo es más parecido a la glosofobia, entonces puedes buscar ayuda profesional. Existen varios recursos que pueden ayudarte a superar la fobia, incluyendo la desensibilización y la terapia de exposición. Algunos casos más graves pueden necesitar medicación.

La hipnosis es una solución atractiva para muchas personas. Este enfoque es particularmente útil para aquellos con más interés en reeducar su cerebro para que responda de manera diferente frente a un público. La hipnosis puede ser vista como una especie de atajo hacia la extinción del miedo.

Pasos para Superar Tu Miedo

Para que empieces a progresar, se necesita establecer un plan de acción. Volvamos al ejemplo de James Earl Jones y su trastorno de habla. Él utilizó algo que le interesaba mucho para convertir su debilidad en una de sus mayores fortalezas. El proceso para superar su tartamudeo requirió una acción considerable y mucha dedicación de su parte.

Usa tus pasiones para superar tu miedo. Si te sientes muy atraído por un tema en específico, comienza tu práctica mediante este tema. Al principio, mantén dentro del ámbito de tus intereses. A medida que progreses, podrás dar presentaciones que tengan tanto propósito como interés, sin importar de qué traten.

Práctica Reflexiva

La práctica viene en muchas formas. Tal vez quieres recitar tu poema favorito en voz alta y en un lugar retirado. Quizás tengas planeada una presentación relacionada con tu carrera profesional. Sin importar de qué se trate, tú enfoque debe ser centrarte en el mensaje en lugar de la presentación.

La práctica reflexiva implica un uso intencionado de tu energía nerviosa. Esto quiere decir que puedes sacar provecho a tu ansiedad. Practicar con un pensamiento intencionado y combinando técnicas efectivas de relajación, te dará excelentes resultados.

Técnicas de Relajación

Siempre necesitas un poco de estrés, en especial cuando se trata de dar un discurso. La preocupación primordial es cómo nos afecta ese estrés. Las técnicas de relajación son bastante personales, y varían de un individuo a otro. Tu enfoque específico debe estar diseñado para crear un equilibrio entre tu ansiedad y una forma de hablar efectiva.

Enfoques tradicionales incluyen técnicas como imaginar al público desnudo. Lo único que esto hace quitar importancia al grupo. Quizás sea mejor visualizar al público como un grupo de personas que necesitan información, y tu función es simplemente exponer el mensaje de manera eficaz.

Familiarizarse con el Proceso

Familiarizarse con el proceso es un aspecto muy importante para lograr el éxito. El viejo proverbio "la práctica hace al maestro" tiene validez en el ámbito de la oratoria. Utilizar tu base de conocimientos y recursos puede llevarte muy lejos en tu esfuerzo.

Piensa en la primera vez que intentaste alguna actividad. Hay momentos en que la actividad se culmina con tanta facilidad que parece haberse hecho sin esfuerzo alguno. Otras veces, luchaste una y otra vez hasta alcanzar el éxito. En la mayoría de los casos, fuiste capaz de dominar las tareas, ya fuera que requerían un gran esfuerzo o fueran fáciles de aprender para ti.

Es importante recordar que el resultado siempre es el mismo en cada situación. Al igual que muchos, tú también puedes superar tu miedo a hablar en público. La única diferencia entre un orador con talento natural y tú es el tiempo que toma alcanzar la meta.

Autosuperación

Pasos y Estrategias Comprobadas para Mejorar Tu Autoestima y Lograr un Autocontrol Constante

Felipe Ortiz

© Copyright 2019 por Felipe Ortiz

Todos los derechos reservados.

El siguiente libro electrónico se reproduce a continuación con el objetivo de brindar la información más precisa y veraz posible. En cualquier caso, la adquisición de este libro puede verse como el consentimiento al hecho de que tanto el editor como el autor del mismo no son, de ninguna manera, expertos en los temas discutidos, y que cualquier recomendación o sugerencia que se haga aquí es solo con fines de entretenimiento. Se debe consultar a los profesionales en materia antes de llevar a cabo cualquiera de las acciones sugeridas en este texto.

Esta declaración se considera justa y válida tanto por el Colegio de Abogados de Estados Unidos (American Bar Association), como por la Asociación del Comité de Editores (Commitee of Publishers Association) y es legalmente vinculante en todo Estados Unidos.

Además, la transmisión, duplicación, o reproducción de cualquiera de los siguientes trabajos, incluyendo la información específica encontrada en los mismos, será considerado un acto ilegal, independientemente de si el acto se comete de forma electrónica o impresa. Esto se extiende a la creación de una copia secundaria o terciaria del texto, al igual que alguna copia grabada, y solo se permite con el consentimiento expreso y por escrito del Editor. Todos los derechos adicionales reservados.

La información contenida en las páginas siguientes es considerada ampliamente como una descripción precisa y veraz de los hechos y, por lo tanto, cualquier descuido, uso correcto o incorrecto de la información en cuestión por parte del lector será su responsabilidad, y cualquier acción resultante estará bajo su jurisdicción. Bajo ninguna circunstancia el editor o el autor original de este trabajo podrán ser responsables de cualquier adversidad o daño que pueda recaer sobre el lector luego de seguir la información aquí descrita.

Además, la información contenida en las páginas siguientes solo tiene fines informativos, y por lo tanto, debe considerarse de carácter universal. Como corresponde a su naturaleza, el material se presenta sin garantía con respecto a su validez o calidad provisional. Las marcas registradas encontradas en este texto son mencionadas sin consentimiento escrito y, bajo ningún motivo, puede considerarse como algún tipo de promoción por parte del titular de la marca.

Tabla De Contenidos

Cree en Tus Habilidades 91
  Autosuperación y Éxito: dos elementos que van de la mano 93
La Importancia de Trabajar en Uno Mismo 98
  Un Nuevo Yo en el Negocio 101
  Posibilidades Alternativas 104
Construyendo Tu Autoestima 106
  Dardo #1: Entorno Laboral Negativo 107
  Dardo #2: Comportamiento de los Demás 107
  Dardo #3: Cambiar el Entorno 107
  Dardo #4: Experiencia Previa 108
  Dardo #5: Visión Negativa del Mundo 108
  Dardo #6: Teoría de la Determinación 108
  Fijar Metas para el Éxito 110
  Sigue Adelante 112
Motivación: La Clave de la Autosuperación 115
  Motiva a Tu Equipo 119
  Sonreír para el Éxito 120
Desbloqueando tu Poder para la Autosuperación .. 122
  Los beneficios de ser positivo 125
  Sin un Yo Negativo 126
  El Éxito Comienza Temprano 127
  Haciendo Tiempo para el Éxito 130
Curso Intensivo: Programa de 7 días para la Autosuperación 133
  Día 6: Honra tus fortalezas 135
  Ejercicios para reforzar el pensamiento positivo 136
  Visualizaciones y afirmaciones para mejorar tus habilidades de pensamiento positivo 145
  Cómo establecer metas de pensamiento positivo 150
  Cómo encontrar un mentor puede ayudarnos con metas de pensamiento positivo 155

Cree en Tus Habilidades

Desarrollar la confianza en sí mismo es fundamental para poder alcanzar tus objetivos.

La confianza en sí mismo es un poco diferente a la autoestima. La autoestima trata de tu apreciación sobre ti mismo, tus comportamientos y tu valor como persona. La confianza en sí mismo es la capacidad que tienes para creer en tus habilidades y en la forma en que te presentas ante el mundo.

Es más probable que las acciones de los demás menoscaben tu confianza en ti mismo, que tu autoestima. Sin embargo, ambas emociones tienen mucho en común. Las dos sirven para medir tu confianza inherente o desarrollada en ti mismo, y ambas pueden perder el equilibrio con facilidad, causando un comportamiento demasiado confiado, o uno pesimista que te aleja de tus metas.

Todos necesitamos conseguir un equilibrio entre muy poca confianza en uno mismo y demasiada. No se puede lograr nada sin confiar en ti mismo; pero demasiada confianza puede hacer que no te esfuerces lo suficiente como para alcanzar tus metas, y no podrás descubrir tus posibilidades.

Una vez que realmente comprendas que puedes hacer lo que te propongas, habrás descubierto el secreto para un pensamiento positivo. No existen límites para lo que la mente humana puede lograr. Tus posibilidades son realmente infinitas.

Para comenzar a trabajar en la confianza en uno mismo, puedes seguir un simple ejercicio diario que desarrollas después de aprender la premisa básica. Como en la mayoría de las actividades para la autosuperación, al principio puede que sientas que haces el ridículo. A continuación te presentamos los pasos básicos para una rutina diaria de autoconfianza, los cuales se realizan mejor por la mañana mientras te preparas para enfrentar el día:

- **Eliminar las distracciones.** Necesitas que este tiempo sea sólo para ti. Tú *mereces* este tiempo personal. Mientras realices tu rutina de autoconfianza, no contestes el teléfono, ni revises tu correo, no mires televisión o escuches la radio. Notifica a tus familiares que este tiempo es sólo tuyo, y que te gustaría no ser molestado.

- **Trabaja en tu lado físico.** Consiéntete en tus preparaciones físicas del día. Cuando tomes una ducha, usa tu jabón o gel aromático favorito. Elige ropa que te haga sentir bien y se ajuste a tu estado de ánimo. Busca estar cómodo con la forma en que te ves, y así tu autoconfianza subirá hasta ese nivel.

- **Mira hacia adelante.** Mientras te preparas, piensa en lo que quieres lograr durante el día. Asegúrate de reflexionar sobre el estado de ánimo que deseas tener, además de las metas y objetivos que alcanzarás. Incluso podrías tener una rápida sesión de visualización receptiva para verte a ti mismo alcanzando esas metas y lográndolas en tu mente.

- **Actívate.** Ahora viene la parte ridícula. Mírate al espejo, directamente a los ojos y elogia tus buenos aspectos. Dilo en voz alta. Dite a ti mismo que eres la persona que quieres ser, que posees cualidades que valen la pena, que puedes hacer todo lo que te propongas. Sé lo más específico posible. En vez de decir "soy alguien competente", di: "Yo puedo manejar todos los problemas que surjan". Cuanto más específico seas, más efectiva será tu rutina de autoconfianza.

La confianza en uno mismo es aquello que mantiene firme a tu personalidad. Si realmente deseas cambiar tu vida, desarrollar una autoestima saludable te permitirá hacerlo rápidamente y sin esfuerzo. No dejes que el miedo, la preocupación y la duda te impidan trabajar en tu confianza. Eres capaz de lograr cualquier cosa, siempre y cuando creas que puedes hacerlo. Realmente es así de simple.

Autosuperación y Éxito: dos elementos que van de la mano

Pregúntale a cualquier propietario de un negocio y descubrirás que las recompensas son uno de los elementos motivadores más poderosos. Las personas están más dispuestas a trabajar por sus metas y objetivos cuando saben que obtendrán algo al final. Como probablemente tu jefe no te dará nada por perder peso o remodelar tu baño, puedes planear tu propia recompensa cuando cumplas con un objetivo específico.

Al seleccionar esas recompensas, asegúrate de que estén relacionadas con tus metas. Esto no solo asegurará que no te canses o desanimes por al ver la misma recompensa, sino que también te ayudará a planificar las estrategias que te servirán para alcanzar tus objetivos. Por ejemplo, si deseas pasar menos tiempo mirando televisión y más tiempo afuera o junto a tu familia, puedes recompensarte a ti mismo con una salida al cine para ver una película nueva. Si tu objetivo es dejar de fumar, parte de tu estrategia podría ser ahorrar una parte del dinero que ya no usarás en cigarrillos para comprar ropa nueva, o algo en lo que hayas pensado durante un tiempo, pero que no habías podido comprar.

Algunos objetivos pueden tener recompensas intrínsecas, que son tuyas tan pronto alcanzas el objetivo determinado. Por ejemplo, si vas a comenzar tu propio negocio, ya sabes que serás recompensado al trabajar para ti mismo, posiblemente incluso trabajando fuera de tu hogar.

Ya sea que estés trabajando por una recompensa intrínseca o por un incentivo, hacerse un regalo a sí mismo es una excelente manera de generar entusiasmo por la tarea en cuestión. Todo lo que nos sucede tiene un propósito. Y a menudo, una cosa lleva a la otra.

En vez de encerrarte en una jaula junto a tus miedos y llorar por angustias, vergüenzas y fracasos del pasado, míralos como vivencias que te han enseñado, tus maestros, y así se convertirán en herramientas que puedes usar para la autosuperación y el éxito.
¿Recuerdas haber visto Patch Adams? Se trata de una gran película que te ayudará a trabajar en ti mismo. Hunter "Patch" Adams es un estudiante de medicina que no logró aprobar los exámenes para ser médico.

Después de estar meses ahogado en melancolía, depresión e intentar suicidarse, decide buscar atención médica y entra voluntariamente a una clínica psiquiátrica. Durante su estadía, conoce a diferentes tipos de personas.

Personas con enfermedades serias. Conoce a un catatónico, un retrasado mental, un esquizofrénico, y así sucesivamente. Patch encontró maneras para tratar su propia enfermedad, y finalmente se dio cuenta de que tenía que retomar su camino. Una mañana se despierta y se da cuenta de que, después de todos los fracasos y dolores por que ha vivido, todavía desea ser médico.

Empieza a vivir su vida con una actitud positiva que le consigue la autosuperación y el éxito. No solo fue capaz de mejorarse a sí mismo, sino que también mejoró la vida de las personas que lo rodeaban y su calidad de vida. ¿Tuvo éxito? No hace falta decir que se convirtió en el mejor médico que su país haya visto.

Entonces, ¿cuándo la autosuperación se convierte en sinónimo de éxito? ¿Dónde empezamos? Sigue estos consejos:

- **Deja de pensar y sentir que eres un fracasado, <u>porque no lo eres</u>**. ¿Cómo pueden aceptarte los demás si TÚ no puedes aceptarte a TI MISMO?

- **Cuando vez modelos y galanes en la TV, piensa más en la autosuperación, no en la autocompasión.** Aceptarse a uno mismo no se trata de tener piernas o abdominales tonificados. Enfócate en la belleza interior.

- **Cuando la gente se siente deprimida o mal**

consigo mismas, ayúdalas a sentirse mejor. No dejes que te desanimen. Te traerán hacia abajo y ambos terminarán por sentirse inferiores.

- **El mundo es un amplio espacio para lecciones, no errores**. No te sientas estúpido o que tu destino está arruinado por siempre sólo porque reprobaste un examen de ciencias. Siempre hay una próxima vez. Haz espacio para la autosuperación.

- **Encárgate de una cosa a la vez**. Nadie espera que la oveja negra se vuelva una joya con tan solo el chasquido de los dedos. La autosuperación es un proceso de un día a la vez.

- **La autosuperación brinda estabilidad interna, crecimiento personal y ÉXITO**. Todo esto viene de la confianza en uno mismo, la autovaloración y la autoestima.

- **Fija metas importantes y alcanzables**. La autosuperación no significa que te convertirás en una réplica exacta de Cameron Diaz o Ralph Fiennes. Espera y busca que el resultado sea un YO nuevo y mejorado.

- **Las cosas pequeñas son GRANDES para los demás**. A veces, no notamos que las cosas pequeñas como una palmada en la espalda, decir "hola" o "¿cómo estás?", saludar a alguien con un "buenos días", o decirle al Sr. Smith algo como "¡Hey, me gusta esa corbata!" son cosas sencillas que tienen mucha importancia para los demás. Cuando apreciamos las cosas hermosas a nuestro alrededor o a las otras personas, también nos volvemos hermosos para el resto.

- **Cuando estás dispuesto a cambiar y pasar por el proceso de la autosuperación, no significa que los demás lo estén.** El mundo es un lugar donde gente con diferentes valores y actitudes conviven. A veces, incluso cuando crees que tú y tu mejor amiga disfrutan hacer las mismas cosas juntos, es muy probable que ella no acepte tu invitación para la autosuperación.

Siempre debemos recordar que el "éxito de la noche a la mañana" no existe. Siempre se siente bien aferrarse a las cosas que ya tienes, pensando en que son solo algunas de las cosas que una vez quisiste.

Un viejo proverbio dice que "cuando el alumno está preparado, aparece el maestro". Todos estamos aquí para aprender nuestras lecciones. Nuestros padres, maestros, amigos, colegas, compañeros de trabajo, vecinos... todos son nuestros maestros. Cuando abrimos nuestras puertas para la autosuperación, aumentamos nuestras posibilidades encontrar el camino hacia el éxito.

La Importancia de Trabajar en Uno Mismo

A veces, cuando todas nuestras dudas, miedos e inseguridades nos abruman, siempre nos viene el pensamiento de *"Desearía ser otra persona"*. La mayoría de las veces pensamos y creemos que alguien o, más extremo, que la mayoría de las personas son mejores que nosotros; cuando la realidad es que **la mayoría las personas tienen más miedo del que sentimos**.

Acabas de notar a una chica muy guapa y sola en una fiesta, bebiendo muy relajada un vino espumoso de Asti. En tu cabeza piensas: "Se ven perfectamente confiada y tranquila".

Pero si pudieras leer su mente, verías un montón de nubes en sus pensamientos y podrías sorprenderte de lo que realmente pasa por su cabeza "¿Está hablando de mi la gente porque estoy sentada aquí sola? ¿Por qué no soy atractiva para los chicos?" No me gustan mis tobillos, se ven muy delgados... Quisiera ser tan inteligente como mi mejor amiga".

Miramos a un joven empresario de negocios y decimos: "Guau... ¿qué otra cosa podría pedirle a la vida?" Pero ese joven se mira al espejo y dice para sí mismo: "Odio lo grande que son mis ojos... Quisiera saber por qué mis amigos ya no me hablan, espero que mamá y papá todavía puedan resolver sus problemas".

¿No te parece gracioso? Miramos a los demás, los envidiamos por lo maravillosamente perfectos que se ven, y deseamos poder cambiar de vida con ellos, mientras ellos nos miran y seguramente piensan lo mismo.

Sentimos inseguridad por otras personas que son iguales de inseguras que nosotros. Sufrimos de baja autoestima, falta de confianza en nosotros mismos, y perdemos la esperanza de conseguir la autosuperación porque nos dejamos dominar por una desesperación silenciosa.

Somos inseguros ante personas que sufren de las mismas inseguridades que nosotros. Tenemos baja autoestima, falta de confianza en nosotros mismos y perdemos la esperanza de superación personal porque estamos envueltos en una desesperación silenciosa.

A veces, te das cuenta de que tienes un hábito molesto, como morderte las uñas, tener mal aliento y tú, de todas las personas, eres el último en notarlo.

Tengo un amiga que nunca para de hablar. Y en la mayoría de las conversaciones, ella es la única que parece estar interesada sobre lo que habla. Por lo tanto, todos nuestros amigos intentan evitar hablar en grupos cuando ella está cerca, y ella no se da cuenta de que su hábito la ha convertido en alguien socialmente discapacitada, gradualmente afectando a las personas que la rodean.

Una clave para comprender la autosuperación es ESCUCHAR y HABLAR con un amigo de confianza. Busca a alguien con quien puedas hablar fácilmente de cualquier tema, incluso aquellos más delicados que quisieras discutir.

Hazle preguntas como "¿Te parezco mal educado?", "¿Siempre discuto mucho?", "¿Hablo demasiado fuerte?", "¿Tengo mal aliento?", "¿Alguna vez te he aburrido mientras hablamos?". Así, la otra persona podrá notar tu interés por alcanzar la autosuperación.

Abre tus oídos a los comentarios y críticas, y no reacciones diciendo cosas como "¡Estás exagerando! ¡Yo soy así, y punto!" También debes abrir tu mente y tu corazón. Y a cambio, es posible que desees ayudar a ese amigo o amiga con críticas constructivas que también lo ayudarán a mejorar.

Una canción de Whitney Houston dice: "Aprender a amarte a ti mismo es el amor más grande de todos". **¡Bastante cierto!** Para amar a los demás, primero debes amarte a ti mismo. Recuerda: no puedes dar lo que no tienes.

Antes de decir a otros cómo mejorar, tienes que demostrar que tú mismo eres una representación y un producto de la autosuperación. La autosuperación nos hace mejores personas, por lo que podemos inspirar a los demás, y el resto del mundo también lo hará.

Deja de pensar en ti mismo como si pertenecieras en la segunda clase. Olvida ese pensamiento constante de "Si solo tuviera más dinero..." "Si fuera más delgado...", y así sucesivamente. Aceptar tu verdadero yo es el primer paso hacia la autosuperación. Tenemos que dejar ese vicio de compararnos a los demás sólo descubrir al final que tenemos 10 razones más para envidiarlos.

Todos tenemos inseguridades. Nadie es perfecto. Siempre deseamos tener mejores cosas, mejores características, mejores partes del cuerpo, etc.; pero la vida no tiene que ser perfecta para que las personas sean felices consigo mismas.

La autosuperación y el amor a ti mismo no se tratan de gritarle al mundo que eres perfecto y que eres el mejor. Es la virtud de la aceptación y la satisfacción. Cuando comenzamos a mejorar, nos invade una sensación de alegría y felicidad.

Un Nuevo Yo en el Negocio

Si tienes un título en administración de empresas o experiencia previa en gestión de una pequeña o mediana empresa rentable, ya tienes un talento único. A muchos ciudadanos estadounidenses les encantaría tener su propio negocio, pero la mayoría no sabe cómo. Tú podrías enseñarles cómo. Administrar un servicio de coaching empresarial no sólo es una oportunidad emocionante, sino que también tiene el potencial de generar enormes ganancias.

Ahora, si estás interesado en comenzar un servicio de coaching empresarial, te preguntarás cómo ver esas ganancias y clientes. ¿Cómo conseguirás clientes? Con estrategias de marketing e identificando a las personas que pueden beneficiarse de tus servicios. ¿Y quiénes son?

Los empresarios que recién entran al mundo de los negocios. La mayoría de los nuevos dueños de negocios se toman su tiempo para crear su imperio. Hacen una lluvia de ideas y desarrollan un plan, aseguran el financiamiento, y luego se ponen a trabajar. En líneas generales, este es el proceso inicial de las empresas pequeñas, pero muchas no siguen esta ruta. Para algunos, sólo basta tener una idea en la cabeza para comenzar un negocio y ganar dinero; y ellos se lanzan a su suerte.

Actuar es algo clave, pero también lo es la planificación cuidadosa. Actuar sin plantearse primero en un plan sólido es una de las razones por las que muchas nuevas empresas pequeñas y medianas fracasan. Tú, como coach empresarial, puedes evitar que eso suceda.

No todos los nuevos empresarios saben reconocer el valor una capacitación y entrenamiento adecuados. Algunos creen erróneamente que pueden hacerlo todo por sí mismos. Este tipo de personas puede necesitar un pequeño empujón. Dirígelos a tu sitio web, o reparte material promocional gratuito que resalte tus servicios. Además, muestra cómo esos servicios se pueden traducir en ganancias.

Por ejemplo, resalta la importancia del marketing. Tanto las empresas online como las tiendas físicas necesitan un plan de marketing sólido. Nadie comprará productos o pagará por servicios si no saben que existen. Si hablas directamente con el propietario de un negocio, pregúntale sobre su plan de marketing. Si no tienen uno, o tienen un plan mal formulado, haz énfasis en los peligros y riesgos de avanzar por el camino equivocado.

Empresarios que no ven ganancias. Como se explicó antes, algunos propietarios de pequeñas y medianas empresas ignoran cuán importante es buscar ayuda profesional. La mayoría cree que puede manejar todas las responsabilidades por su propia cuenta. Puedes usar la persuasión y las pruebas para hacerlos cambiar de opinión, pero aún así, algunos no cederán. Por esta razón, no sólo debes acercarte a los negocios nuevos, sino también a aquellos que atraviesan dificultades. Comienza con tu comunidad local. ¿Has escuchado rumores de que una pequeña tienda familiar está a punto de cerrar por el aumento de la competencia y las bajas ventas? ¡Es momento de actuar!

Propietarios que no ven ganancias a pesar de tener un plan de negocios en marcha. Puede que ese plan sea bueno y que solo necesiten algunos ajustes. Dado que el negocio ya está operando, debes enfocarte en las ventas, el marketing y la reducción de los costos operativos. Cuando ofrezcas tus servicios a compañías con problemas, ten preparado un plan de acción. Lleva una guía paso a paso para mostrar a los clientes potenciales por qué puedes ser de ayuda y cómo lo harás.

Padres que se quedan en casa buscando una manera de mejorar sus ingresos. Realiza una búsqueda estándar en Internet con las frases "trabajar desde casa", "madres que trabajan desde casa" o "padres que trabajan desde casa". Rápidamente encontrarás foros online donde los padres buscan información sobre cómo ganar dinero desde casa.

Algunas de estas personas sólo buscan un trabajo que les permita trabajar desde casa, pero otras están interesadas en comenzar su propio negocio. Este es otro grupo en el que te debes enfocar.

Cuando trabajes con padres que se quedan en casa, es importante centrarte en el aspecto empresarial. Internet está repleto de estafas que ofrecen trabajo en línea. La mayoría de los padres puede beneficiarse al iniciar su propio negocio, en lugar de trabajar para alguien más. Además, les brinda a los padres más libertad y flexibilidad.

No sólo puedes ayudar a estas personas con la organización, el marketing y las ventas, sino que también puedes darles ideas. Esencialmente, tu trabajo no es solamente el de un coach empresarial, sino un coach para hacer dinero. ¿Acaso uno de estos padres mencionó su interés por la carpintería? Sugiere que saque provecho a esa pasión creando decoraciones en madera natural o juguetes para vender. Si les gusta la idea, tu trabajo es ayudarlos a convertirla en realidad.

Cualquiera con el sueño de comenzar su propio negocio. Como se explicó anteriormente, puedes hacer más que sólo ayudar a los propietarios de pequeñas y medianas empresas a mejorar sus ganancias. También puedes incentivar a la gente a seguir su pasión y sacar provecho de ella.

Por supuesto, esto implica más trabajo ya que estarías ayudando a alguien a hacer surgir su empresa desde cero, pero también aumenta tu alcance. No sólo tienes experiencia como coach para propietarios de pequeñas y medianas empresas, sino que ahora también tienes experiencia en abrir un negocio.

Posibilidades Alternativas

Dado que el pensamiento positivo hace que la capacidad de creer en posibilidades alternativas sea una realidad, también nos lleva a un pensamiento más creativo al enfrentar los contratiempos del día a día. Al creer que la solución puede no ser algo obvio, los pensadores positivos son más propensos a conseguir sus ideas de fuentes inusuales.

Los pensadores positivos también poseen un pensamiento más creativo durante la vida cotidiana. Los autoproclamados pensadores positivos son responsables de una gran cantidad de los inventos, descubrimientos e innovaciones que disfrutamos en la actualidad.

Dado que el pensamiento positivo fomenta un pensamiento más creativo, también fomenta mejores habilidades para resolución de problemas. Cuando los pensadores positivos se enfrentan a una situación particularmente difícil, no solo usan sus habilidades para visualizar un mayor número de soluciones, sino que también usan su creencia en lo positivo para seguir hasta dar con una solución.

Las personas que se enfrentan a constantes problemas o al fracaso, se suelen dar por vencidas con mucha facilidad. Sin embargo, al usar habilidades para resolución de problemas con pensamiento positivo, puedes hacer frente a los problemas y buscar resultados deseables.

Por medio de las ventajas mencionadas, los pensadores positivos reciben un incremento de confianza. Al utilizar las habilidades del pensamiento positivo, comenzarás a experimentar una mayor confianza en ti mismo y en tus capacidades.

Una vez que conozcas éxito tras éxito gracias al pensamiento positivo, tu cerebro se entrenará para ver cada situación como un simple reto en lugar de un obstáculo que te impide alcanzar el éxito.

A medida que desarrolles tus habilidades de pensamiento positivo, esta nueva confianza en ti mismo te brindará un mayor enfoque y determinación. Con tan solo creer que encontrarás una solución adecuada, recibirás la motivación necesaria para persistir en la tarea hasta conseguir el resultado deseado. Además, una actitud positiva puede ayudarte a centrar tu concentración, permitiendo que te mantengas enfocado en los aspectos positivos de la situación hasta que se resuelva el problema.

Construyendo Tu Autoestima

Y entonces, ¿cómo es posible mantener la calma, la compostura y la autoestima en un entorno difícil? Aquí presentamos algunos consejos que puedes considerar como una guía de inicio hacia la autosuperación.

Imagínate a ti mismo como un Tablero de Dardos. Todo y todos a tu alrededor pueden convertirse en Dardos, en un momento u otro. Estos dardos afilados acabarán con tu autoestima y te derribarán de maneras que ni siquiera recordarás. No dejes que te destruyan ni que acaben con lo mejor de ti. Así que, ¿cuáles son los dardos de los que te debes cuidar?

Dardo #1: Entorno Laboral Negativo

Ten cuidado con esa actitud de "sálvese quien pueda", donde todos luchan para salir adelante sin importar quién sale lastimado. Este es el entorno donde las personas que no saben apreciar generalmente prosperan. Nadie verá con buenos ojos tus contribuciones, incluso si te saltas la hora del almuerzo y la cena, o si te quedas despierto hasta tarde. La mayoría de las veces, llegas a trabajar demasiado sin ayuda de las demás personas involucradas. Mantente alejado de esto, o acabará con tu autoestima. La competencia está en juego en cualquier parte. Cuida tu salud lo suficiente como para competir, pero eso sí, en una competencia saludable.

Dardo #2: Comportamiento de los Demás

Entrometidos, curiosos, chismosos, chillones, traidores, francotiradores, personas que siempre están heridas, controladores, fastidiosos, quejosos, personas con poca paciencia, condescendientes, irresponsables... todos estos tipos de personas representan malas vibras para tu autoestima, así como tu proceso para la autosuperación.

Dardo #3: Cambiar el Entorno

No puedes acostúmbrate a moverte siempre en el mismo entorno. Los cambios desafían nuestros paradigmas. Ponen a prueba nuestra flexibilidad, adaptabilidad y alteran nuestra forma de pensar. Los cambios harán que la vida sea difícil por un tiempo, y hasta pueden ser causa de estrés, pero nos ayudarán a encontrar maneras de mejorar nuestro ser. En la vida, el cambio será una constante, por lo que debemos ser propensos a él.

Dardo #4: Experiencia Previa

Llorar y decir "¡ay, duele!" es perfectamente normal cuando experimentamos dolor. Pero no dejes que el dolor se transforme en miedo. Puede que te agarre desprevenido y te haga la vida imposible. Mira cada fracaso y error como una lección de vida.

Dardo #5: Visión Negativa del Mundo

Mira bien en donde pones los ojos. No te dejes envolver por todo lo negativo que existe en el mundo. Cuando se trabaja en la autoestima, debemos aprender cómo sacar provecho a las peores situaciones.

Dardo #6: Teoría de la Determinación

Se dice que tu forma de ser y tus rasgos de comportamiento son un producto final de mezclar rasgos heredados (genética), tu crianza (psique) y tu entorno inmediato, como tu pareja, la empresa, la economía o tu círculo de amigos. Tienes tu propia identidad. Si tu padre es un fracaso, no significa que tú también debas serlo. Aprende de lo que otros han vivido, y así no tendrás que cometer los mismos errores.

A veces, es posible que te preguntes si algunas personas tienen un don natural para actuar como líderes o pensadores positivos. La respuesta es NO. **Ser positivo y mantenerse**

positivo es una elección. Trabajar en la autoestima y trazar líneas para tu autosuperación es una elección, no una regla ni un talento. Dios no bajaría del cielo para decirte: "George, ahora se te otorga el permiso para desarrollar tu autoestima y trabajar en ti mismo".

En la vida, es difícil mantenerse fuerte, en especial cuando las circunstancias y las personas que te rodean tienen un peso sobre ti. Cuando lleguemos al campo de batalla, debemos elegir el equipaje correcto para llevar y las armaduras que vestir, y seleccionar aquellas que sean a prueba de balas. La vida nos da una variedad de opciones y opciones. A lo largo de la batalla, recibiremos golpes y heridas. Y llevar esa armadura a prueba de balas, en esencia, representa un "cambio de identidad". El tipo de cambio que viene desde el interior, y que es voluntario. La armadura o el cambio de identidad afectan 3 cosas: nuestra actitud, nuestro comportamiento y nuestra forma de pensar.

Trabajar en la autoestima eventualmente permitirá la autosuperación si empezamos a ser responsables acerca de quiénes somos, qué tenemos y qué hacemos. Es como una llama que debería extenderse poco a poco, como un incendio desde adentro hacia afuera. Cuando desarrollamos la autoestima, tomamos el control de nuestra misión, valores y disciplina. El resultado más elevado de la autoestima es la autosuperación, la evaluación verdadera y la determinación. Entonces, ¿cómo se pueden comenzar a apilar los bloques de construcción de la autoestima? Teniendo una mente positiva. Sintiéndonos contentos y felices. Siendo apreciativo. Nunca dejes pasar la oportunidad de un elogio. Una vida positiva te ayudará a desarrollar la autoestima, tu guía de inicio hacia la autosuperación.

Fijar Metas para el Éxito

Desde niños, siempre hemos tenido una aspiración u meta de algún tipo. Algunos queríamos convertirnos en médicos, abogados o astronautas. Otros llegaron a ser más específicos, querían tener la colección completa de Los Simpson antes de cumplir 20, ser dueños de una casa de dos habitaciones a los 25, o tener un trabajo con un salario de $ 5000 al mes antes de llegar a los 30. Fijar metas u objetivos es una actividad que nos ha acompañado desde siempre. Pero siendo honestos, ¿acaso basta con pensar y soñar las metas que nos hemos propuesto? Por supuesto no.

Trazar metas no consiste simplemente en expresar lo que queremos de la vida, sino también en tener la motivación, la perseverancia y la acción para alcanzarlas y hacerlas realidad.

Hay muchos métodos disponibles para trazar metas de manera efectiva. Aquí presentamos cinco consideraciones básicas:

1. Escribir las metas que te has fijado.

Si bien es cierto que nuestros cerebros tienen la capacidad de guardar información y recordarla, nuestras metas podrían perderse y olvidarse en algún punto, entre el espacio que hacemos para nuestra telenovela favorita y las facturas que tenemos que pagar. Fijar metas funciona mejor si escribimos las cosas y los eventos que queremos que sucedan, de modo que podamos hacer un seguimiento y verificar con frecuencia si todavía estamos en el camino correcto. Sé creativo con esa lista de metas. Colócala en algún lugar donde puedas verla a menudo para que nunca las olvides.

2. Fija una meta que satisfágalo que realmente deseas; que no sea algo para impresionar a los demás.

Sé honesto contigo mismo. Fijar metas no funciona si lo que estás aspirando a lograr es para recibir el placer y la admiración de los demás. Tu meta debe ser algo que te haga feliz y te beneficie A TI. Después de todo, tú eres el que va a trabajar para alcanzarla.

3. Evita fijar metas contradictorias. Sé realista.

Para dar un ejemplo simple, no puedes simplemente escribir "apartar $500 del salario este mes" si tan solo ganas $800 al mes, y tienes una renta de $250. ¿Cómo sobrevivirías con $50 al mes?

Si bien ahorrar $500 puede parecer una muy buena idea, y podría representar una cuenta de ahorros grande en poco tiempo, no es una meta realista. Establece tus metas en base a lo que realmente puedes hacer.

4. Trata de ser más detallado cuando fijes tus metas.

Esto te ayudará a identificar tu siguiente paso con más facilidad. Por ejemplo, "comprar un iPod Shuffle de $99 en un mes" es más fácil de lograr que simplemente fijar como meta "comprar un iPod". No sólo será más fácil lograr la meta fijada, sino que también será más satisfactorio ya que no habrá confusión ni dudas en el camino.

5. Apégate a tus metas. Evita salirte del rumbo.

Si has escrito, "ahorrar $5 del presupuesto para gastos diarios", entonces sé diligente con la meta. No apartes $2 hoy y luego haces una nota mental para guardar $8 al día siguiente. Debes ser consistente. Hacer trampa en tu lista de metas es igual que engañarte a ti mismo. Por supuesto, esto es más efectivo para objetivos a corto plazo. Si antes tu meta original era "tener un scooter Honda antes de los 30", seguramente puedes aspirar a algo más grande y escribir que quieres un Honda Civic si tu salario es $8000 al mes a tus 25.

Las claves para establecer metas efectivas son la consistencia y la disciplina. En resumen, tienes que saber exactamente lo que quieres para poder conseguir eso y más. Ten siempre en mente estos consejos al fijar tus metas y, quién sabe, ¡tus sueños podrían convertirse en realidad en menos tiempo del que imaginas!

Sigue Adelante

A las personas buenas les pueden pasar cosas malas. Es parte de la vida. Una de las cosas más impresionantes de los seres humanos es nuestra capacidad de resistencia frente al trauma. La supervivencia y la recuperación milagrosa no son sucesos ocasionales en el mundo. Todos los días, alguien sobrevive a una tragedia. Todos los días, alguien da un paso más hacia una vida más feliz a pesar de un fuerte trauma del pasado. Todos los días, la vida sigue, y nos adaptamos, y somos más fuertes gracias a ello.

Nuevamente, las sugerencias en esta sección no son sustitutas de la ayuda psiquiátrica profesional. Sin embargo, para muchas personas, la autoayuda ha sido muy efectiva para aliviar el estrés del trauma y tomar control de sus propias vidas.

Ya sea que elijas buscar ayuda profesional o caminar por tu

propio sendero de sanación, debes saber que puedes liberarte y comenzar a vivir tu vida nuevamente si la tragedia llega a tocarte. No tienes que dejar que el trauma te impida lograr lo que realmente deseas hacer en la vida.

Puedes elegir solo una, o combinar cualquiera de estas técnicas para trabajar en liberarte del trauma. Si no te sientes cómodo con un enfoque, pasa al siguiente y sigue intentando.

"Podría Ser Peor": Dramatización y Conciencia

Cuando se trata de una experiencia traumática leve, la risa puede ser la mejor medicina. Si eres capaz de analizar la situación de manera objetiva, puedes "reírte" de ella o, al menos, mirar la situación con suficiente raciocinio para darte cuenta de que no fue tan malo como suponías.

Hay dos formas de abordar este método. La primera es simplemente usar tu imaginación. Recuerda el trauma, y luego imagina todas las formas en que podría haber sido peor. Por ejemplo, si tienes una cuenta corriente, es posible que el cheque haya rebotado, que hayas tenido que pagar una comisión al banco, y que hayas tenido que posponer el pago de alguna factura, o no poder comprar algo que tenías planeado.

Ahora, imagina lo que podría haber pasado si varios cheques hubieran rebotado. Posiblemente no habrías podido cancelar varios pagos. El efecto bola de nieve representaría la pérdida de tu coche, o que suspendan tu servicio de electricidad. Tus facturas podrían haberse salido de control y eventualmente dejarte en la calle. *Cuando imaginas lo peor, es más fácil ver los contratiempos en perspectiva.

"Si estás pasando por un infierno, sigue adelante." - Sir Winston Churchill

¡Y no te detengas hasta estar del otro lado!

Motivación: La Clave de la Autosuperación

A veces, el dolor puede ser la razón por la cual las personas cambian. Reprobar en un examen nos hace darnos cuenta de que necesitamos estudiar. Las deudas nos recuerdan nuestra incapacidad para conseguir una fuente de ingresos. Ser humillado nos da el 'empujón' para hablar y defendernos para cuidarnos de la próxima situación vergonzosa. Puede ser una experiencia amarga, la historia trágica de un amigo, una gran película o un libro inspirador lo que nos ayudará a levantarnos y conseguir la cantidad necesaria de motivación para mejorarnos a nosotros mismos.

Con las infinitas experiencias negativas que el mundo propicia, ¿cómo es posible mantenerse motivado? ¡Prueba alguno de los consejos que he preparado de la **A hasta la Z**!

A. **Alcanza tus sueños**. Evita a la gente, cosas y lugares negativos. Eleanor Roosevelt dijo una vez: "el futuro pertenece a quienes creen en la belleza de sus sueños".

B. ***Believe In Yourself*: Cree en ti mismo**, y en lo que puedes hacer.

C. **Considera todas las cosas desde todos los ángulos y aspectos**. La motivación proviene de la determinación. Para comprender la vida, debes sentir el sol por ambos lados.

D. **Debes seguir siempre, sin rendirte ni darte por vencido**. Thomas Edison fracasó una, dos y más de tres veces antes de que inventar y perfeccionar su invención: la bombilla incandescente. Haz que la motivación sea tu volante.

E. **Es algo que debes disfrutar**. Trabajar como si no necesitaras dinero. Baila como si nadie te estuviera viendo. Ama como si nunca te hubieran lastimado. Aprende como si fueras a vivir por siempre. La motivación es algo natural cuando la gente se siente feliz.

F. **Familiares y Amigos Fieles**– las efes (F) más importantes de la vida. Nunca los pierdas de vista.

G. **Ganar es dar más de lo que se necesita**. ¿Cómo se consigue la motivación y la autosuperación en el trabajo? ¿En casa? ¿En la escuela? Al hacer un esfuerzo extra en las cosas que haces.

H. **Honra tus sueños y no los abandones**. Puede que

pierdas motivación por un momento, pero estas pequeñas joyas serán tu fuerza impulsora.

I. **Ignora a quienes te intenten destruir**. No te dejes vencer por nadie. Aléjate de las personas tóxicas, el tipo de amigos que odia escuchar acerca de tu éxito.

J. ***Just Be Yourself*: Sé tú mismo**. La clave del éxito es ser tú mismo. Y la clave del fracaso es tratar de complacer a todos.

K. ***Keep Trying*: Sigue intentando, sin importar cuán difícil parezca la vida]**. Cuando una persona está motivada, puede finalmente ver cómo esa vida dura empieza a hacerse más fácil, abriendo el paso hacia la autosuperación.

L. ***Love Yourself:* Aprende a amarte a ti mismo**. ¿Acaso no es algo fácil?

M. ***Make Things Happen: Haz que las cosas sucedan.*** La motivación viene cuando pones tus sueños en marcha.

N. **Nunca mientas, engañes o robes**. Siempre sigue las reglas del juego.

O. ***Open Your Eyes:* Abre tus ojos**. La gente debe aprender a tener una buena actitud y un buen juicio. Ven las cosas de 2 maneras: cómo quieren que sean las cosas, y cómo deberían ser.

P. **(La) Práctica hace al maestro**. La práctica se trata de la motivación. Nos permite aprender el repertorio y las formas en que podemos recuperarnos de nuestros errores.

Q. **Quienes se rinden, pierden**. Y los ganadores nunca se rinden. Así que elige tu destino: ¿Serás de los que se rinden? ¿O serás un ganador?

R. *Ready Yourself*: **Prepárate**. La motivación también implica preparación. Debemos escuchar esa pequeña voz interior que nos dice que es hora de comenzar antes de que los demás se pongan de pie y traten de darnos el empujón. Recuerda, no estaba lloviendo cuando Noé construyó el arca.

S. **¡Sin Procrastinar!**

T. **Toma el control de tu vida**. La disciplina o autocontrol rima con motivación. Ambon son factores clave para la autosuperación.

U. **Usa tu compresión hacia los demás.** Si sabes hablar bien, también debes aprender a escuchar. Busca siempre comprender primero, y luego busca ser comprendido.

V. **Visualízalo**. La motivación sin visión es como un bote en tierra firme.

W. *Want It:* **Deséalo más que cualquier otra cosa**. Soñar significa creer. Y creer es algo que está muy arraigado en la motivación y la autosuperación.

X. **'X' Factor: lo que te hará diferente de los demás**. Cuando estás motivado, tiendes a poner "extras" en toda tu vida, como tiempo extra para la familia, ayuda extra en el trabajo, tiempo extra para los amigos, y así sucesivamente.

Y. ***You Are Unique*: Tú eres único**. Nadie en este mundo se ve, actúa o habla como tú. Valora tu vida y tu existencia, porque sólo tienes una.

Z. ***Zero In On:*** ¡¡¡Concéntrate en tus sueños y persíguelos!!!

Motiva a Tu Equipo

Ya que los recursos humanos son un elemento vital para el éxito de tu organización, comienza por fijar metas para tus empleados.

Establecer metas para los empleados te permitirá utilizar un enfoque estratégico en tus formas de planificar programas o iniciativas, con la intención de contribuir directamente a los objetivos a largo plazo de tu organización. El primer y más importante objetivo es que la división de recursos humanos aumente la productividad de los empleados y los ingresos corporativos.

Fijar metas para los empleados es solo una parte de los objetivos integrales de una empresa. Los otros son relativos a la producción, finanzas y marketing de ventas. Fijar metas para los empleados aporta muchos beneficios a la empresa.

Existen muchas razones para que establezcas metas puntuales para los empleados. Las metas pueden mantenerlos motivados constantemente al concentrarlos en el propósito de tu negocio.

El éxito se vuelve una posibilidad mediante esta estrategia ya que los esfuerzos y la concentración de los empleados están orientados hacia los objetivos de la empresa.

Cada organización debe saber cómo evaluar el desempeño de sus empleados y alinear los objetivos organizacionales que eventualmente llevarán a su crecimiento. Básicamente, fijar metas para los empleados aumentará su productividad, lo cual es vital para el crecimiento de cualquier empresa.

Sonreír para el Éxito

Según el proverbio, una imagen vale más que mil palabras, así que una sonrisa debe valer más que un millón. El poder de sonreír es increíble. Incluso si no tienes ganas de hacerlo, el simple hecho de mover las comisuras de la boca puede ayudarte a levantar todo tu espíritu, y encontrar algo por lo que valga la pena sonreír.

Algunos de los mejores consejos de autoayuda que puedes encontrar provienen de quienes defienden la postura de "finge hasta que lo consigas". Esto es particularmente cierto cuando se trata de un pensamiento positivo, y fingir una sonrisa contribuye en gran medida a producir lo genuino. Puedes terminar riéndote de ti mismo sólo por el hecho de que sabes que no hay una verdadera razón para sonreír.

Otra gran cosa acerca de las sonrisas es que son muy contagiosas. Una sonrisa se extiende más rápido que un resfriado en un jardín de infancia. La mayoría de las personas no pueden evitar sonreír cuando alguien se acerca a ellos con una expresión feliz en el rostro. Esta es una teoría simple e interesante que tú mismo puedes poner a prueba.

Ve a cualquier lugar público y sonríe a varias personas al azar, luego haz un seguimiento de cuántas sonrisas viste (¡hasta las sonrisas sospechosas cuentan!). Es probable que 9 de cada 10 de tus objetivos te devuelvan una expresión alegre, y es probable que también les hayas alegrado un poco el día.

Aprender a sonreír a voluntad es un paso importante hacia el desarrollo de una mentalidad positiva permanente. Una buena técnica para provocar sonrisas es elegir un recuerdo feliz que siempre sea capaz de llenarte de buenos sentimientos. Ahora ten ese recuerdo siempre presente en tu mente, y accede a él cada vez que te sientas deprimido.

Es probable que no consigas resolver tus problemas, pero al menos te hará sonreír, y esto te ayudará a relajarte y estudiar tu situación de manera objetiva. Sonreír a menudo crea una señal mental para la base del pensamiento positivo, y ayuda a motivar la felicidad.

También debes pasar un tiempo frente al espejo y estudiar tus propias expresiones. Al principio, esta actividad puede ser incómoda o hasta tonta, pero sonreír ante tu propio reflejo tiene un efecto positivo en la psique. Incluso puedes practicar diferentes tipos de sonrisa: sonrisa de satisfacción, sonrisa con labios apretados para bromear, sonrisa de oreja a oreja, reírte en voz alta con la boca abierta. Imagina que se trata de un evento olímpico... ¡tu maratón personal de sonrisas y siempre ganas medalla de oro!

Desbloqueando tu Poder para la Autosuperación

Cuando miramos un objeto en específico, por ejemplo, una pintura, no podremos apreciar lo que hay dentro, lo que está pintado y lo demás que sucede en ella si la pintura está a solo una pulgada de distancia de nuestra cara. Pero si damos unos pasos atrás, tendremos una visión más clara de toda la obra de arte.

En nuestra vida llegamos a un punto cuando estamos preparados para el cambio y una enorme cantidad de información que nos ayudará a desbloquear nuestro poder de autosuperación. Hasta que eso suceda, algo podría estar mirándonos justo debajo de nuestras narices, pero somos incapaces de verlo. La única vez que pensamos en desbloquear nuestro poder para autosuperación es cuando todo va de mal en peor.

Tomemos como ejemplo el síndrome de la rana hervida.

Intenta meter a la rana A en una olla con agua hirviendo. ¿Qué pasa? ¡La rana salta hacia fuera de inmediato! ¿Por qué? Porque no puede tolerar cambios repentinos en su entorno, en este caso, la temperatura del agua. Luego intenta con la rana B: colócala dentro de agua tibia, enciende la estufa, y espera hasta que el agua alcance su punto de ebullición. La rana B piensa "Oh... se está poniendo caliente aquí".

Por lo general, la gente actúa como la rana B. Por ejemplo, hoy

Anna piensa que Carl la odia. Mañana, Patrick se acerca a ella y le dice que la odia. Anna sigue igual y no le importa lo que digan sus amigas. Al día siguiente, se entera que también le desagrada a Kim y a John. Anna no es capaz de notar cuán importante y necesaria es la autosuperación sino hasta que toda la comunidad la detesta.

Aprendemos nuestras lecciones cuando experimentamos dolor. Sólo vemos las señales de advertencia cuando las cosas se ponen difíciles. ¿Cuándo nos damos cuenta de que necesitamos cambiar las dietas? Cuando ninguno de nuestros jeans y camisas nos queda bien. ¿Cuándo dejamos de comer dulces y chocolates? Cuando se han caído todos nuestros dientes. ¿Cuándo nos damos cuenta de que tenemos que dejar de fumar? Cuando nuestros pulmones dejan de funcionar como deben. ¿Cuándo oramos y pedimos ayuda? Cuando nos damos cuenta de que mañana vamos a morir.

La única circunstancia en que la mayoría de nosotros aprende a desbloquear nuestro poder de autosuperación es cuando el mundo entero se viene abajo y se desmorona. Pensamos y sentimos así porque no es fácil cambiar. Pero el cambio es mucho más doloroso cuando lo ignoramos.

El cambio va a suceder, te guste o no. En un momento u otro, todos vamos a atravesar momentos decisivos en nuestra vida, y finalmente vamos a desbloquear nuestro poder de autosuperación, no porque el mundo lo diga, ni porque nuestros amigos se quejen, sino porque nos dimos cuenta que es por nuestro propio bien.

Las personas felices no sólo aceptan el cambio, lo reciben con brazos abiertos. Para nosotros, no es necesario sentir que la olla está hirviendo antes de darnos cuenta de la necesidad de autosuperación. Desbloquear tu poder de autosuperación significa escapar de esa jaula del pensamiento que te dice "yo soy así". Es una mala excusa que las personas usan cuando temen y se resisten al cambio. La mayoría de nosotros programamos nuestras mentes como computadoras.

Jen siempre les dice a todos que no tiene suficiente valentía para estar junto a grupos de personas. Ella escuchó a su mamá, a su papá, a su hermana, y hasta a su maestra decir esto sobre ella a otras personas. Con los años, Jen se ha convencido de esto. Ella cree que es parte de su historia. ¿Y qué pasa? Cada vez que un gran número de personas está en su casa, en la escuela y en la comunidad, ella retrocede, se aleja y se encierra en su habitación. Jen no solamente está convencida de esta historia, sino que la vivió.

Jen tiene que darse cuenta de que ella no es la persona de esa historia. En lugar de que los demás cuenten esa historia frente a ella para que todos la recuerden, ella necesita ser fuerte de espíritu y decirle a la gente: "¡Soy una persona importante y debo ser tratada como tal!".

La autosuperación puede que no sea la palabra favorita de todos, pero si miramos las cosas desde otra perspectiva, tendremos más posibilidades de disfrutar todo el proceso en lugar de contar los días hasta que ver una mejoría total. Tres sesiones a la semana en el gimnasio te darán como resultado una vida más saludable, leer libros en lugar de ver la televisión contribuirá a un conocimiento más profundo, salir con amigos y compañeros te ayudará a olvidar el trabajo y relajarte. Y justo cuando estés disfrutando de todo el proceso de desbloquear tu poder de autosuperación, te darás cuenta de que estás empezando a tomar las cosas con calma y a ser feliz.

Los beneficios de ser positivo

Al aprender técnicas de pensamiento positivo y ponerlas en práctica en todos los aspectos de tu vida, puedes obtener muchos beneficios internos y externos.

Los beneficios internos que se obtienen al adoptar una forma de pensamiento positivo son: la actitud positiva, creer en posibilidades alternativas, el pensamiento creativo, mejores habilidades para resolución de problemas, confianza, enfoque, determinación, satisfacción y sentimientos de logro.

El pensamiento positivo conduce hacia una actitud positiva, simplemente porque pensar en los rasgos y aspectos positivos de tu vida hace que tu cerebro trabaje en un estado de "optimismo". Al pensar constantemente en los pensamientos positivos, tu cerebro se está condicionando para mirar el lado positivo de cada situación, lo que a su vez hace que se sienta satisfecho con tu posición actual en la vida.

El pensamiento positivo también conduce a una actitud positiva porque mantiene tu mente ocupada. Si tu mente se concentra en los pensamientos positivos, es extremadamente difícil para ella detenerse a pensar en lo negativo al mismo tiempo.

Debido a su naturaleza, el pensamiento positivo también lleva a creer en posibilidades alternativas. Cuando nos vemos frente a una situación que, a primera vista, parece no tener solución, los pensadores positivos tienen la capacidad natural de mirar fuera del marco para encontrar soluciones poco convencionales o inesperadas. Esta capacidad de mirar más allá de lo obvio abre más puertas y posibles resultados, tanto para el ámbito personal como profesional.

Por ejemplo, una persona que usa habilidades de pensamiento positivo tiene más posibilidades de superar una situación estresante, como ser despedido del trabajo, que aquella que posee poca o ninguna capacidad para los pensamientos positivos. Un pensador positivo usará sus habilidades para ampliar su nueva búsqueda de empleo y, por último, encontrar un mejor empleo en menos tiempo.

Sin un Yo Negativo

Cuando lo piensas, parece algo obvio: lo negativo es lo opuesto de lo positivo, por lo que para fomentar una mentalidad positiva, necesitas deshacerte de los pensamientos negativos. Parece bastante simple, ¿no? El proceso es fácil, pero como en todo, se necesita práctica para lograrlo.

El primer paso para eliminar la negatividad de tu mente es prestar atención y analizar tus pensamientos. Siempre que palabras como no puedo, no debo, no quiero, no haré, no, o nunca entre en tu mente, concéntrate en lo que estás pensando y dale la vuelta para eliminar las palabras negativas. Por ejemplo:

Tu esposa e hijos salieron por un par de horas y tienes la casa para ti solo. Estás disfrutando de una de tus actividades favoritas. En medio de tu diversión, comienzas a sentirte culpable. Piensas: realmente no debería estar haciendo esto. Podría estar trabajando en el proyecto que prometí a otra persona de que me encargaría. Tu diversión comienza a desaparecer, y dejas de hacer lo que estás haciendo, resentido de tener que trabajar en este proyecto aburrido cuando tienes tan poco tiempo para ti mismo...

¿Te parece familiar este escenario? Justo cuando te escuches a ti mismo pensar en que no debes, detente y cambia de dirección. En este escenario, podrías estar pensando que realmente deberías estar haciendo eso que haces. Tomarme un tiempo para mi disfrute es importante, y cuando esté relajado y satisfecho, podré hacer un mejor trabajo en ese proyecto que prometí a alguien más. Estoy tan contento de haber tenido la oportunidad de hacer algo que disfruto.

Trate de hacer esto cada vez que un pensamiento negativo llegue a ti. Cuanto más a menudo elimines las ideas negativas de tu mente, más fácil será abrir espacio para los pensamientos positivos. Estarás más relajado y receptivo a las soluciones positivas.

El Éxito Comienza Temprano

Todos los estudiantes tienen necesidades universales, tales como buenas habilidades de estudio, uso efectivo del tiempo, sistemas de apoyo académico y social, y salidas de recreación. Puedes estar fuera del camino correcto si alguno de estos aspectos no se atiende como es debido. Puedes estar guiado por un buen conjunto de metas.

Un conjunto de metas comienza con una comprensión clara de tu perspectiva general o de tus objetivos a largo plazo. Debes tener una definición precisa de por qué estás en la escuela, y qué es importante para ti ahora y en el futuro.

Fija metas razonables, realistas y alcanzables para ti, ahora como estudiante y en el futuro: lo que se conoce como planes a corto y a largo plazo. Las metas deben ser concretas y específicas, que puedas transformar en tareas alcanzables a diario. Las metas específicas a corto plazo pueden ser cosas como "repasar mis apuntes de química al menos 1 hora todas las noches" en vez del habitual "estudiar más". Ser específico al fijar metas servirá para guiarte en lo que realmente deseas hacer.

En estudiantes, fijar metas mejora su autopercepción. Es una llamada a reconocer las fortalezas necesarias para superar y dar con soluciones a los problemas, e identificar sus debilidades para que puedan comenzar a trabajar en ellas. Si los estudiantes aprenden cómo fijar sus metas correctamente, puede darles una visualización de cómo planificar acciones para alcanzarlas y cómo llevarlas a cabo.

Otros beneficios de fijar metas

- te motiva a establecer prioridades como estudiante y a tener una dirección clara sobre lo que deseas

- te hace responsable en tu proceso para tomar decisiones

Una vez hayas fijado tus metas, aquí hay unas estrategias que pueden ayudarte en tu camino por lograrlas:

- encuentra un grupo de amigos en los que realmente puedas confiar, incluso con tu vida. Puedes tener una amistad con alguien que se preocupa por ti y tus metas.

- desarrolla hábitos de estudio. No te esfuerces si no puedes concentrarte, en vez de eso, distánciate de tus apuntes por un momento y relájate tu mente. Luego retoma el estudio tan pronto te sientas mejor.

- diseña tu propio programa para ayudarte a gestionar tu

tiempo y tus actividades escolares. Haz uno y síguelo al pie de la letra.

- comunícate con tu maestro desde el principio. Si tienes preguntas, hazlas. Esto te ayudará a tener una mejor comprensión de tus clases y a la vez podrás mantener una buena relación con tu maestro.

- concéntrate mucho, en especial durante los exámenes, y podrás relajarte cuando recibas buenas calificaciones.

Seguir hasta el final

Seguramente, tus metas son desafiantes. Esperarás encontrar problemas y adversidades. Es por eso que la autodisciplina y la persistencia son vitales para establecer tu plan de acción.

Ser un estudiante y una persona autodisciplinada a veces significa hacer lo que no quieres hacer, y renunciar a algo que deseas, para poder alcanzar metas más grandes. A veces, necesitas decir no a una salida al cine y dedicar tiempo a estudiar para un examen al día siguiente. Esto puede ser aún más difícil si tomamos en cuenta la presión social, pero recuerda que podrás ver todas las películas que quieras una vez hayas aprobado todos tus exámenes.

Tener una voluntad fuerte y determinación es clave porque los fracasos son numerosos. Se trata de realmente preguntarte si estás dispuesto a hacer lo que se necesita para obtener lo que quieres.

La disciplina y la persistencia son ingredientes vitales que no debes subestimar.

Sigue todas estas estrategias con una buena disposición. Después de todo, todos los exámenes y pruebas terminarán pronto, y un desafío más grande espera: el éxito en el mundo corporativo.

Haciendo Tiempo para el Éxito

¿Eres de los que sabe cómo hacer buen uso del tiempo? Si no es así, es probable que quieras aprender nuevas formas de mejorar. Esto se debe a que una mala administración del tiempo puede tener un impacto negativo en la vida personal.

Desafortunadamente, muchos creen que la mala administración del tiempo sólo afecta a las personas en el trabajo, pero no es así. De hecho, el mal uso del tiempo puede afectar tu vida personal de muchas maneras.

Si no sabes cómo administrar el tiempo, es probable que te sientas estresado. También puedes sentir una gran variedad de emociones, como ira, frustración y hasta miedo. Teniendo esto en consideración, si aprendes a administrar adecuadamente el tiempo, es más probable que lleves una vida feliz, saludable, productiva y libre de estrés.

Aunque frecuentemente asociamos la mala administración del tiempo con incumplir plazos de entrega y llegar tarde al trabajo, es importante recordar que lo mismo aplica en la vida social. ¿Tienes amigos? ¿Qué tanto hablas con ellos? ¿Con qué frecuencia se reúnen para tomar un café o en la hora del almuerzo?

Si lo haces, ¿con qué frecuencia llegas tarde a reuniones con tus amigos, o te olvidas de hablar con ellos regularmente? Si tienes problemas con esto, podrías terminar por perder tus amistades.

Además de tener un impacto negativo en tus amistades, la mala administración del tiempo también puede afectar las relaciones sentimentales. Para tener una relación sana y feliz, aprender a administrar el tiempo es importante.

Debes saber cuánto tiempo dedicar a tu pareja, en lugar de usarlo sólo en trabajar, mirar televisión o salir con los amigos. Administrar el tiempo también es importante cuando quieres asegurarte de ser puntual al llegar a casa o a una cita.

Si eres padre, la mala administración del tiempo también puede tener un impacto en tu relación con tus hijos. Cuando eres un padre, tienes responsabilidades que cumplir con tus hijos. La más básica de estas responsabilidades es alimentar y vestir a sus hijos.

Dependiendo de sus edades, también puedes ser razonable al prepararlos y enviarlos a la escuela o guardería. Si no tienes un sentido adecuado del tiempo o si simplemente no lo usas sabiamente, puedes terminar haciendo daño a tus hijos, como hacer que lleguen tarde a la escuela u otros eventos importantes. Lo ideal sería que todas las personas tuvieran un buen sentido del tiempo, pero esto es algo todavía más importante para los padres.

En lo que respecta a la paternidad, si eres un padre, el mal uso del tiempo también da malos ejemplos a tus hijos. Si tienes adolescentes en el hogar, niños pequeños o en primaria, es probable que ya sean conscientes de tu comportamiento. Si quieres que tus hijos obtengan buenas calificaciones en la escuela y luego consigan buenos empleos, es importante que les enseñes a todos acerca de la administración del tiempo y su valor.

Una de las mejores maneras de hacerlo es dando un buen ejemplo a los hijos. Lo bueno es que hacer esto es mucho más fácil de lo que parece. Puedes dar un buen ejemplo a tus hijos con sólo prepararte a tiempo para ir al trabajo en la mañana, o llegar con puntualidad a eventos programados.

Otra de las muchas maneras en que tener un mal sentido del tiempo puede ser perjudicial es tus finanzas. Las personas que no saben administrar su tiempo suelen llevar malas finanzas. Esto sucede por que quienes no han aprendido a administrar adecuadamente su tiempo, a menudo pagan sus cuentas tarde.

En el caso de las tarjetas de crédito, esto puede resultar en pagos mínimos costosos que simplemente no se pueden pagar. Al saber el plazo de vencimiento de todas tus facturas, es probable que tengas mejores finanzas, pero la administración del tiempo sigue siendo importante.

Como has podido notar, hay muchas maneras en las que una mala administración del tiempo puede afectar negativamente tu vida personal. Por esa razón, es hora de tomar medidas para asegurarte de que no afecte la suya.

Curso Intensivo: Programa de 7 días para la Autosuperación

He perdido la cuenta de cuántas veces he leído y escuchado hablar de divorcios de celebridades en todas partes del mundo. No es que realmente me importe (y personalmente no), pero parece extraño que con frecuencia veamos a las estrellas de cine y televisión como seres perfectos, viviendo el sueño de la riqueza y el glamour. Supongo que ya es hora de que todos bajemos de esa nube y enfrentemos la realidad.

Hay muchas maneras de perder tu sentido de autoestima, a pesar de lo trivial que pueda llegar a ser. Pero recuerda que sin importar lo que pase, todos debemos tratar de no perder nuestro sentido del yo.

Y entonces, ¿qué se necesita para ser mejor que los demás? Estas son algunas de las cosas en las que puedes pensar y mejorar, y que deberían ser suficientes para una semana.

Día 1: Conoce tu propósito.

¿Estás caminando por la vida sin dirección, esperando encontrar la felicidad, la salud y la prosperidad? Identifica cuál es el propósito o misión en tu vida, y así tendrás una brújula que siempre marcará hacia el norte.

Esto puede parecer difícil al principio, en especial cuando te ves caminando por un callejón estrecho o incluso sin salida. Pero siempre hay una manera casi imperceptible de cambiar las cosas, y con esto puedes marcar una gran diferencia en tu propia vida.

Día 2: Conoce tus valores.

¿Qué es de más valor para ti? Prepara una lista de tus 5 valores primordiales. Algunos pueden ser seguridad, libertad, familia, desarrollo espiritual, aprendizaje. A medida que fijas tus metas para el año, contrasta esas metas con tus valores. Si la meta no está alineada con ninguno de sus cinco valores, puede que quieras reconsiderarla o revisarla.

No te debes sentir intimidado por el número, sino que debería motivarte a hacer más de lo que jamás hayas podido soñar.

Día 3: Conoce tus necesidades.

Las necesidades insatisfechas pueden impedirte llevar una vida auténtica. Recuerda cuidar de ti. ¿Tienes una necesidad de reconocimiento, de tener la razón, de tener el control, de ser amado? Hay tantas personas que viven sus vidas sin conocer realmente sus sueños, y la mayoría de ellos terminan estresados o hasta deprimidos. ¡Construye una lista con tus cuatro necesidades principales, y satisface esas necesidades antes de que sea demasiado tarde!

Día 4: Conoce tus pasiones.

Ya sabes quién eres y lo que realmente te gusta en la vida. Obstáculos como la duda y la falta de entusiasmo sólo te estorbarán, pero no te desviarán del camino para convertirte en la persona que debes ser. Haz que tu voz se escuche, y honra a aquellos que te han inspirado para convertirte en la persona que querías ser.

Día 5: Vive de adentro hacia afuera.

Expande tu conciencia acerca de tu sabiduría interior tomando momentos de introspección en silencio constantemente. Entra en contacto con la naturaleza. Respira profundamente para tranquilizar tu mente distraída. Para la mayoría de nosotros que vivimos en la ciudad, es difícil encontrar la paz y la tranquilidad que anhelamos incluso en nuestra propia casa. Lo que yo hago es sentarme en una habitación luz tenue y escuchar música clásica. Hay algo de sonido, sí, pero la música amansa a las fieras.

Día 6: Honra tus fortalezas.

¿Cuáles son tus aspectos positivos? ¿Qué talentos especiales tienes? Enumera tres: si no eres capaz de hacerlo, pide ayuda a las personas más cercanas para identificarlos. ¿Eres imaginativo, ingenioso, bueno con las artes manuales? Encuentra formas de expresar tu ser auténtico a través de tus fortalezas. Cuando eres capaz de compartir lo que sabes con los demás, puedes mejorar tu confianza en ti mismo.

Día 7: Servir a los demás.

Cuando llevas una vida auténtica, es posible que desarrolles un sentido interconectado de ser. Cuando eres fiel a la persona que eres, viviendo con propósito y compartiendo tus talentos con el mundo que te rodea, pones al servicio aquello que viniste a compartir con los demás: tu espíritu, tu esencia. Las recompensas por compartir tus dones con aquellos cercanos a ti son realmente gratificantes, y mucho más si es con un extraño que pueda apreciar realmente lo que les has hecho por él.

La autosuperación es, de hecho, un tipo de trabajo que vale la pena. No siempre debería estar limitado al espacio de una oficina, o quizás dentro de las cuatro esquinas de tu propia habitación. La diferencia está en nuestro interior y cuánto queremos cambiar para mejorar.

Ejercicios para reforzar el pensamiento positivo

Para poder aprovechar los beneficios personales y profesionales que implican el pensamiento positivo, primero debes entrenar tu mente para que piense automáticamente en lo positivo, sin que tengas que tomar la decisión consciente de "ser positivo". Para ello, deberás seguir ciertos pasos. Lo primero es tomar una decisión consciente de adoptar un pensamiento positivo, y luego dedicarse de todo corazón para alcanzar ese objetivo. Para que el pensamiento positivo tenga un efecto en tu vida, también tendrás que creer en esos beneficios. Y, como los contratiempos son algo esperado en este viaje, también necesitarás el poder de tus convicciones para ayudarte a no perder el rumbo.

Una vez que te hayas dedicado completamente a aprender las habilidades del pensamiento positivo, tendrás que poner en práctica ciertos ejercicios para enseñarte a ti mismo los métodos, y así reforzar el carácter positivo en tu mente. La siguiente es una lista de formas de aprender y practicar el arte del pensamiento positivo.

Revisa tu diálogo interno - El primer paso hacia las habilidades del pensamiento positivo es revisar qué tipo de pensamiento está actualmente en tu interior. Piensa en la última vez que tuviste un mal día. ¿Cómo reaccionaste? ¿Qué tipo de cosas te dijiste a ti mismo, tanto internamente como en voz alta? ¿Qué sentiste inmediatamente al vivir esa situación? ¿Cómo te sentiste al respecto después de vivirlo? ¿Cómo te sientes ahora sobre la situación?

Las respuestas a estas preguntas te darán una buena idea del tipo de diálogo interno que usualmente ocurre en tu mente. Por ejemplo, ¿te mortificaste por el problema? ¿Tu mente buscó explicaciones sobre el problema para aceptar tu culpabilidad? ¿O simplemente le echaste la culpa a tu mala suerte?

Para poder identificar la diferencia entre el diálogo interno positivo y el diálogo interno negativo, comparemos los dos hábitos bajo la misma situación. Para este ejemplo, supongamos que Sally, una costurera que trabaja desde casa, comenzó su propio negocio online para vender sus bolsos artesanales. Cuando el negocio comenzó a prosperar, contrató a otra mujer para coser algunos de los bolsos por ella. Hace poco, diez de estos bolsos fueron devueltos debido a defectos.

Ejemplo #1- diálogo interno negativo: En este ejemplo, podrás leer algunas de las cosas que Sally dijo o pensó para sí misma al recibir los bolsos devueltos.

"Debí haber inspeccionado los bolsos con más cuidado. Yo sabía que lo iba a hacer mal".

"¿Por qué se me ocurrió que podría tener éxito en este negocio?"

"Ya me arruiné. Ahora nadie querrá comprar estos bolsos".

"Todos dijeron que no lo lograría y estaban en lo cierto".

"Soy una imbécil, ¿cómo fui capaz de cometer semejante error?"

"Si no fuera por la mala suerte, no tendría ningún tipo de suerte en lo absoluto".

"¿Por qué soy tan estúpida?"

Ejemplo #2-diálogo interno positivo: Aquí leeremos algunas de las cosas positivas que Sally pensó o se dijo en voz alta a sí misma.

"Pues claro que esto es un contratiempo, pero me dará la oportunidad de mejorar mis habilidades en servicio al cliente".

"A pesar de que olvidé prestar atención a los detalles, acabo de aprender una gran lección".

"Afortunadamente, sólo fueron 10 bolsos y el problema se identificó antes de que fuera más serio".

"Todos negocio tiene sus inconvenientes. Voy a usar este como ejemplo para hacerlo mejor la próxima vez".

Como puedes apreciar en los ejemplos, la forma en la que elegimos ver una situación puede marcar toda la diferencia en su resultado. Cuando nuestra mente habla, nuestra actitud escucha y responde. Debido a esta correlación, tenemos el poder de literalmente "persuadirnos" a nosotros mismos para alcanzar el éxito y la satisfacción.

Cuando ocurre un diálogo interno negativo, nos convencemos de que nuestros esfuerzos son inútiles. Esta creencia lleva a sentimientos de inutilidad y fracaso. Y estos sentimientos hacen que sea más fácil para nosotros ser víctimas de más pensamientos negativos, que eventualmente se convierten en desesperación y derrota.

Pero cuando ocurre un diálogo interno positivo, convencemos a nuestras mentes ya nosotros mismos de que todo es posible. Al concentrarnos en lo positivo, somos capaces de creer y alcanzar resultados deseables. Si realmente crees que puede convertir una situación negativa en algo positivo, entonces lo harás. Por medio de conversaciones positivas constantes, verás los posibles resultados positivos como realidades, y no como un sueño imposible.

Para comenzar a cambiar nuestro diálogo interno de uno negativo a uno positivo, primero debemos evaluar la verdad de la situación. Cuando estés frente a un problema, comienza tu proceso de pensamiento con una revisión de los hechos. Esta revisión inicial debe estar privada de sentimientos o predicciones. Para ayudar con este proceso, hazte las siguientes preguntas.

1. ¿Cuál es la causa real y física de este problema? En el caso de Sally, la causa *física* del problema no fue su falta de atención a los detalles, sino un error en la fabricación del bolso.
2. Basándonos en hechos, ¿qué condujo al problema? Nuevamente, al evaluar el caso de Sally, el hecho real podría haber sido una falta de comunicación en las instrucciones de costura, un malentendido en el proceso de fabricación por parte de su empleada, o un descuido por parte de su empleada. En cualquier caso, el evento

no fue intencional, y de ninguna manera es un reflejo del rendimiento general o el éxito del negocio de Sally.

3. ¿Qué tan mala es realmente la situación? Aunque una situación puede parecer abrumadora al principio, un pensamiento racional por lo general llega a la conclusión de que el problema en sí, no es tan malo como parece. Usa esta pregunta para ayudarte a generar ideas e imaginar posibles resultados, tanto buenos como malos, que podrían derivarse del problema de forma realista. En el caso de Sally, lo primero que pensó fue que todos dejarían de comprar sus bolsos. Sin embargo, usando un pensamiento racional, Sally podría concentrarse en el número actual de clientes satisfechos, en la pequeña cantidad de clientes insatisfechos, y en el conocimiento de que todavía tenía la oportunidad de corregir la situación y volver a ganar a esos clientes molestos ofreciendo un servicio excepcional.

Una vez que hayas evaluado y determinado los hechos de la situación, debes revisar tus sentimientos acerca de la situación e identificar el origen de esos sentimientos. Para ayudar a poner en orden tus sentimientos, hazte las siguientes preguntas.

1. ¿Qué parte de la situación te molesta más? Muchas veces, el problema en concreto no es el origen de los sentimientos negativos de una persona, sino cómo el problema los hace sentir sobre sí mismos. Para Sally, el defecto en los bolsos no era el problema. El verdadero problema fue que el defecto hizo que los mayores temores de Sally parecieran materializarse. Después de un examen más profundo, Sally se dio cuenta de que el problema con los bolsos sacaba a la luz sus inseguridades. Tan pronto fue consciente del problema,

Sally comenzó a concentrarse en su falta de habilidades empresariales.
2. ¿Tienen tus sentimientos base en la realidad de la situación o en cómo cree que es la situación? Esta es una pregunta importante que debes hacerte, ya que te ayudará a diferenciar entre realidad y ficción. ¿Es este problema realmente un reflejo de quién eres como persona y profesional? ¿O estás exagerando la situación e imaginando expectativas poco realistas sobre el tema en cuestión?
3. ¿Cómo has lidiado con sentimientos de este tipo en el pasado? En otras palabras, ¿estás realmente reaccionando sólo a la situación actual, o estás siendo invadido por viejos sentimientos e inseguridades, y dejando que estos te nublen tu juicio?
4. Si fuera un compañero o amigo en esta situación, ¿cómo la verías? A veces, un enfoque distanciado del problema ayuda a verlo de manera más objetiva.

Ahora que has determinado las razones detrás de los hábitos de tu diálogo interno, puedes usar ese conocimiento para dar paso a hábitos nuevos para un diálogo interno positivo.

Practica el diálogo interno positivo - para poder cambiar tu forma de pensar, debes practicar conscientemente el pensamiento positivo. Una muy buena herramienta para esto es el juego del pensamiento positivo. En este juego, se te pedirá que identifiques un resultado positivo en respuesta a un escenario negativo. Los siguientes son algunos ejemplos para ayudarte a empezar. Cada ejemplo contiene un escenario negativo y una posible respuesta positiva. Una vez que entiendas la técnica, podrás crear un número infinito de resultados positivos para tus propios escenarios.

• Lo negativo es que perdí la cuenta de Wilbur, sin embargo, lo positivo es que ahora tengo más tiempo para dedicarme a la cuenta de Moore.
• Lo negativo es que mi producto inicial no tiene buenas ventas, sin embargo, lo positivo es que ahora puedo dedicar mi experiencia para mejorar su diseño original.
•Lo negativo es que las ventas en mi área han alcanzado récord de bajas, sin embargo, lo positivo es que este período me dará la motivación que necesito para explorar otros mercados opcionales para mi producto.

Haz una lista de las cosas positivas en tu vida - Una vez que puedas identificar lo positivo en una situación dada, estarás listo para preparar una lista de referencias tangibles. Dedica un momento para anotar todos los aspectos positivos de su vida. Incluye cosas como tu salud, tu familia, tu educación y capacitación previa, cualquier meta lograda, tus logros personales y profesionales, y los aspectos positivos de tu negocio actual. Haz una lista de todo por lo que tienes que estar agradecido, o por lo que estás contento. La lista puede tener tanto cosas pequeñas como grandes. Esta lista debe ser lo más completa posible, ya que la usarás a diario para que tu entrenamiento de pensamiento positivo esté bien encaminado.

A medida que pasan los días y las semanas, toma algo de tiempo para anexar nuevas cosas a la lista a medida que pasan o te ocurren. Mejor aún, escribe algo nuevo en la lista todas las noches antes de irte a dormir para terminar el día con broche de oro, y prepárate para comenzar el siguiente con un estado de ánimo positivo.

Haz una lista positiva de cosas por hacer - Todas las mañanas, antes de empezar el día, haz una lista positiva de cosas por hacer, que haga énfasis en tus metas del día. Por ejemplo, si necesitas hacer comunicarte con un cliente, no escribas simplemente "llamar al cliente" en tu lista. En vez de esto, escribe la tarea de una manera positiva, como "llamar al Sr. Williams y cerrar el trato".

Al escribir la tarea con una perspectiva afirmativa y anexar un resultado positivo concreto, tu cerebro será influenciado para pensar que la tarea ya está completa y es positiva, en lugar de estar a la expectativa y esperando el posible fracaso.

También puedes modificar la forma de redactar cada tarea para incentivar la acción. Al utilizar términos específico, puedes convertir un ítem impreciso como "reescribir la carta de ventas" en un objetivo orientado a la acción, como "reescribir el segundo párrafo de la carta de ventas para incluir dos nuevos beneficios, y cambiar la fecha límite de membresía para incentivar pedidos inmediatos".

La intención de este tipo de lista de tareas por hacer es influir de manera positiva en tu actitud y perspectiva del día, mientras que fortalece tu creencia en los resultados deseables para mantener con mucha motivación y concentración.

Y aunque pueda parecer una tontería, asegúrate de aplicar esta misma técnica en tu lista personal de cosas por hacer. Este hábito no es solamente capaz de ofrecerte muchas oportunidades para practicar tus habilidades de pensamiento positivo, sino que también te ayudará a mantener alta tu energía y actitud positiva a medida que completas las tareas necesarias y, a veces, mundanas de la vida cotidiana.

Cuídate a ti mismo, tanto física como mentalmente - Para retener una perspectiva positiva de la vida, necesitas sentirte bien consigo mismo, tanto por dentro como por fuera, y para lograr esto, necesitas cuidarte.

Por lo general, para cumplir con esta meta es más fácil comenzar por los aspectos físicos. Si todavía no realizas ejercicios a diario, es hora de comenzar. Si tienes la costumbre de saltarte el desayuno, comienza a convertirlo en una parte integral de tu día. Si necesitas un corte de pelo, ¡ve a la peluquería! Cada paso que tomes para mejorar tu vida o corregir las fallas percibidas por uno mismo, te ayudarán a desarrollar la confianza en ti mismo. Por consecuencia, cuando tu confianza en ti mismo aumente, tus habilidades de pensamiento positivo pueden fortalecerse.

Con respecto al cambio interno, comienza analizando tus propias actitudes. ¿Sientes que necesitas aprender más acerca de un tema en específico, como el marketing en internet? Si es así, toma una clase o lee un libro sobre el tema. Al expandir tus conocimientos, disminuirás la gravedad de las inseguridades que puedes tener en tu interior.

¿Tienes ciertas metas que habías planeado alcanzar en este momento de tu vida? El hecho de tener negocios pendientes y sueños no realizados tiende a hacernos sentir mal sobre nosotros mismos. Comienza hoy con un pequeño paso hacia tu meta y haz un compromiso para seguir adelante con el proyecto. Tan solo comenzar el proceso puede hacerte sentir inmediatamente mejor con respecto a la situación, y una vez que hayas alcanzado la meta, tu confianza en ti mismo crecerá.

¿Sientes que nunca tienes suficiente tiempo para lograr tus metas? Entonces es hora de reevaluar cómo administras tu tiempo. Primero, elimina las tareas diarias que representan una pérdida de tiempo y luego establece períodos para culminar las tareas importantes. Cuando reescribas tu horario, asegúrate de incluir tiempo para relajación y diversión. Sin un tiempo de inactividad, tus pensamientos creativos son incapaces de florecer.

El propósito de todos estos ejercicios, tanto los del pensamiento positivo como los pasos para la autosuperación, es alcanzar el estado de ánimo correcto para aceptar con brazos abiertos una perspectiva positiva. Por medio de la práctica constante de estos ejercicios, eventualmente entrenarás a tu mente para pensar positivamente y de forma automática.

Visualizaciones y afirmaciones para mejorar tus habilidades de pensamiento positivo

Las visualizaciones y afirmaciones son herramientas clave en el camino para desbloquear las habilidades de pensamiento positivo. Aunque ambos ejercicios difieren en su técnica, los dos trabajan para lograr el mismo objetivo. Ambos ejercicios ayudan a cambiar tus metas de pensamiento positivo, de sueños idealistas a realidades alcanzables; sin embargo, las visualizaciones funcionan a través de imágenes, mientras que las afirmaciones funcionan por medio de declaraciones habladas.

Las visualizaciones son fundamentales para el proceso de pensamiento positivo ya que ofrecen una manera de "ver" tus metas como algo real. Esta capacidad de ver un resultado te dará control sobre ese resultado. Por ejemplo, imagina que te estás preparando para escribir el copy para la página de inicio de tu negocio por internet, y no estás pensando positivamente en tus habilidades para la redacción.

Si solo utilizas datos acerca de tu producto o servicio, y

transfieres esos datos a una página escrita, el texto podría ser soso y sin inspiración. Sin embargo, si primero utilizas la visualización, podrás preparar tanto los datos que usarás como tu actitud. Una vez que pueda visualizarte a ti mismo escribiendo ese copy perfecto, inspirador, capaz de generar ventas para tu sitio web, podrás comenzar a redactarlo.

La visualización implica usar todos tus sentidos para "verse" a uno mismo culminando cualquier tarea, o resolviendo cualquier problema de manera perfecta. Al imaginar un evento con mucho detalle, y enfocarse en el resultado deseado, tu mente y tu cuerpo se programarán para responder como si el escenario visualizado fuera algo esperado. Al practicar esta visualización, estás entrenando a tu mente para seguir un patrón que siempre conduce a los resultados deseados.

Por suerte, la visualización es una técnica fácil de aprender. Toma un momento para pensar en algo que te está ocasionando dificultades en la actualidad, ya sea en tu vida profesional o personal. Ahora, ya concentrado en esa situación, usa los siguientes pasos para aprender y practicar la técnica de visualización.

1. Despeja tu mente de todo pensamiento y distracción. Este paso es muy importante porque te permitirá concentrarte por completo en el escenario, y te permitirá seguir las imágenes hasta el resultado positivo, sin interrupciones. Al principio, será más fácil completar este paso en un entorno tranquilo donde puedas cerrar los ojos, relajarte y estar completamente sólo durante varios minutos.
2. Imagínate a ti mismo completando la tarea o resolviendo el problema de una manera positiva. Comienza por el principio e imagina que realmente

atraviesas cada paso de la manera más positiva y deseable posible. Imagina cada detalle acerca de la situación para que la imagen parezca más una realidad que una fantasía. Presta atención a la ropa que llevas, a las personas que están allí, a las palabras reales que está usando, y lo que los demás dicen en respuesta a tus palabras.

3. Mantén el resultado positivo y perfecto. Lo más importante que debes recordar al practicar la visualización es que sólo debes ver el resultado de manera positiva. Nunca te imagines a ti mismo fracasando, o incluso avanzando con tropiezos. Durante la visualización, siempre imagínate a ti mismo llevando a cabo la tarea de manera perfecta.

4. Una vez que hayas llegado al final de la visualización, haz un repaso mental. Busca áreas en las que puedas mejorar en tu siguiente sesión de visualización. Agrega detalles donde sea necesario e incrementa los pasos positivos en donde sea posible.

5. Repite la técnica de visualización a menudo. Aunque la visualización puede ser un paso clave para lograr el pensamiento positivo, sólo es efectiva cuando se usa con frecuencia.

6. Una vez que hayas logrado la meta o resuelto el problema en la vida real, haz una revisión del evento real y use la visualización para cambiar cualquier circunstancia negativa en una positiva. Si en la realidad algún detalle no funcionó a la perfección, visualiza ese detalle de una manera que sí lo haga. Este paso ayudará a que tu mente trabaje mejor la próxima vez.

Ahora que sabe cómo practicar la visualización, es tiempo de aprender más sobre las afirmaciones. Las afirmaciones son declaraciones orales que se enfocan en el logro positivo de una meta. Las afirmaciones son diferentes a las técnicas para el diálogo interno positivo en el sentido de que se enfocan en declaraciones más específicas y están orientadas a la acción.

Por ejemplo, si te pone nervioso tener que presentar una idea nueva a un cliente, tu declaración personal puede ser algo como "Sé que esta idea es buena, y mi cliente estará encantado de escucharla". Sin embargo, utilizando la afirmación, tu declaración se verá más impulsada por la acción, y podría ser algo como: "Mañana por la mañana, presentaré mi nueva idea al Sr. Clark señalando los beneficios en reducción de costos".

En un diálogo interno positivo, estás intentando reforzar tu actitud positiva y tu confianza en ti mismo. Con las afirmaciones, se establece una meta de manera que tu subconsciente crea que el evento ya es un hecho. Esta creencia subconsciente se logra a través de tres pasos únicos.

Primero, las afirmaciones siempre se formulan en primera persona. Esta personalización del hecho permite que el subconsciente acepte más fácilmente la declaración. Por ejemplo, en lugar de decir "Mis clientes están contentos con mi servicio", dirías "Yo sé que mi servicio/producto hace felices a mis clientes".

Segundo, las afirmaciones siempre se formulan en tiempo presente. Al empezar oraciones con "Yo soy" o "Yo sé", estás condicionando a tu mente para que crea que la afirmación ya es una realidad. Por el contrario, usar declaraciones como "Yo voy a" o "Yo creo que", permite que la duda permanezca sigilosamente en tu subconsciente.

Y tercero, las afirmaciones son siempre de naturaleza positiva. Para que una declaración sea considerada una afirmación, debe estar formulada sin ningún lenguaje negativo. Por ejemplo, la afirmación "Estoy calificado para escribir un excelente copy para el sitio web" es una afirmación. Decir "intentaré escribir un copy decente para el sitio web" no es una afirmación.

Ahora que entiendes la naturaleza de las afirmaciones, necesitas practicarlas. Primero, debes identificar la siguiente meta que te gustaría alcanzar. Luego, necesitas traducir esa meta a un lenguaje simple. Una vez que hayas escrito una declaración clara y concisa de la meta, debes transformar esa declaración en una afirmación utilizando los tres pasos anteriormente explicados. El siguiente es un ejemplo de cómo convertir las declaraciones de metas y objetivos en afirmaciones.

Declaración: "En las próximas semanas, agregaré otro producto a mi negocio por internet."

Afirmación: "En las próximas semanas, voy a agregar un nuevo y excelente producto a mi exitoso negocio por internet."

Nota las diferencias en las dos oraciones. Al cambiar la palabra *"agregaré"* por *"voy a agregar"*, más los términos positivos *excelente, nuevo,* y *exitoso,* declarar tus metas se convierte en una afirmación.

Si no tienes una meta u objetivo específico que estés tratando de alcanzar, todavía puedes usar las afirmaciones para mejorar tus habilidades de pensamiento positivo. En este caso, debes seleccionar una afirmación positiva que sea de carácter general, pero optimista. Algunos ejemplos de este tipo de afirmaciones son...
"Estoy usando mis habilidades de pensamiento positivo para alcanzar el éxito en los negocios".

"Estoy logrando grandes cosas con pensamientos positivos y una actitud de vencedor".
"Soy un empresario impresionante".

Una vez que hayas preparado bien dos o tres afirmaciones, puedes comenzar a utilizarlas a diario. Al igual que con la técnica de visualización, las afirmaciones funcionan mejor si se practican en repetidas ocasiones a lo largo del día. Para aprovechar al máximo tus afirmaciones, lo mejor es repetirlas por lo menos tres veces al día y en este orden: una vez al despertar, la segunda por la tarde, y luego una vez más antes de acostarse todas las noches.

Al emplear frecuentemente tus nuevas habilidades de visualización y afirmación, podrás fijar y alcanzar todas tus metas de pensamiento positivo.

Cómo establecer metas de pensamiento positivo

Una vez que has comenzado a asumir una actitud positiva, ya estás preparado para establecer metas de pensamiento positivo. Estas metas no son iguales a las metas comunes, ya que se concentran específicamente en tu búsqueda por aprender y dominar el arte del pensamiento positivo y disfrutar los beneficios que implica esta búsqueda. Estas metas deben explicar en detalle lo que deseas lograr con un pensamiento positivo, y también contener los resultados específicos de estos logros.

Establecer metas de pensamiento positivo implica cuatro pasos. Al utilizarlos, fijarás metas son tanto alcanzables como beneficiosas.

Identificar una meta específica orientada a obtener resultados.

Esta meta será diferente de las metas anteriores orientadas a la acción, en el sentido de que la meta se concentrará en un resultado positivo final, y no en una tarea inmediata. Sin embargo, esta meta sigue siendo específica y detallada. Para ayudarte a determinar tus metas, responde a las siguientes preguntas.
1. ¿Qué es lo que más quiero lograr con mi pensamiento positivo?
2. ¿Qué área de mi vida se beneficiará más con los poderes del pensamiento positivo?
3. ¿Qué espero obtener de mis habilidades de pensamiento positivo?

Una vez que seas capaz de responder con honestidad a cada una de estas preguntas, puedes comenzar a establecer tus metas. Para nuestros propósitos, asumamos que las respuestas a las preguntas fueron: 1) Quiero mejorar mis ventas por internet, 2) Mi relación con mi pareja, y 3) Mejores habilidades para resolver problemas. Cada una de estas respuestas te ofrece la base de una meta de pensamiento positivo. Para el resto de los pasos, nos concentraremos en definir una meta para la primera.

Ahora que tienes una idea básica en mente, debes establecer esa meta de una manera específica, orientada hacia lograr resultados. Por ejemplo, en lugar de decir "Quiero mejorar mis ventas por internet", podrías decir "Voy a usar mis habilidades de pensamiento positivo para identificar las necesidades de mis clientes con el fin de mejorar las ventas".

Dividir la meta en pasos a corto y largo plazo.

Para hacer que las metas sean más fáciles de alcanzar, tendrás que dividirlas en pasos. Estos pasos deben contener resultados alcanzables y realistas. El primer paso debe incluir una manera de avanzar a corto plazo en esa meta. Para este paso, podrías decir: "Voy a incluir una encuesta sencilla en mi página que me permitirá recopilar información sobre lo que les gusta a mis clientes".

Para el segundo paso, tendrás que incluir una predicción de los resultados a largo plazo para alcanzar la meta. Tu segunda declaración podría decir: "Voy a utilizar mis habilidades de pensamiento positivo para analizar los datos de la encuesta de una manera que me permita estar abierto a nuevas ideas y sugerencias. Luego voy a usar esas nuevas ideas para mejorar las ventas".

Como se puede ver en este paso, hemos tomado una meta idealista como, por ejemplo, *mejorar las ventas por internet* y, con después de unos cambios sencillos, lo hemos convertido en una meta de pensamiento positivo y orientada a los resultados.

Consigue una manera de medir tu progreso.

Ahora que tienes una meta fija, necesitas conseguir una manera de medir tu progreso mientras trabajas por alcanzar esa meta. Sin un sistema de medición, te verías en la posición de esperar hasta el final para evaluar tu éxito. En ese caso, no podrías usar tus habilidades de pensamiento positivo para impulsar tu motivación y mantener una actitud positiva.

El sistema de medición que elijas depende en gran parte del

tipo de meta que hayas establecido. En el caso anterior, la forma de medición podría ser el incremento de ventas expresado en porcentajes. Para poder medir con precisión tu progreso, primero tendrías que recopilar los datos sobre tus ventas actuales y luego determinar cuál sería el aumento adecuado para tu meta.

Digamos que has fijado para tu meta un aumento general del 25% en ventas. Esto significaría que para el momento que hayas alcanzado tu meta, las ventas por internet habrán aumentado su valor actual en un 25%. A medida que trabajas para alcanzar tu meta, podrás monitorear tu éxito al hacer seguimiento del aumento en incrementos porcentuales.

Fija un tiempo límite.

El siguiente paso al fijar tus metas incluye un límite de tiempo. Sin un límite establecido, tus metas pueden volverse fácilmente en sueños lejanos. En este caso, el límite de tiempo tiene dos propósitos. Uno, sirve como otra forma de seguir tu progreso. Y dos, le da tus planes una fecha límite para su realización.

Para ayudarte a enfocarte en tu meta, y mantenerte motivado hasta alcanzarla, necesitas establecer un marco de tiempo realista para tus objetivos. Para el ejemplo estudiado, podríamos fijar un plazo de seis meses. Aunque este período puede parecer largo, te dará suficiente tiempo para crear una encuesta, recopilar información, analizarla, y luego realizar los cambios pertinentes para lograr tu meta. Además, el plazo permite que exista un período de tiempo para que tu nuevo plan funcione.

Ahora que tenemos una fecha límite para ver resultados, también es necesario fijar fechas límite para el progreso. Estos plazos se establecen para ayudar a mantenerte enfocado en la tarea y asegurar tu progreso continuo. Para nuestra meta, podríamos fijar un plazo de dos semanas para crear la encuesta. Luego, un plazo de un mes para recopilar la información obtenida en la encuesta. Luego, estableceríamos un plazo de dos semanas para revisar los datos de la encuesta y determinar qué cambios podríamos considerar para mejorar las ventas. Lo siguiente sería establecer un plazo de un mes para implementar dichos cambios. Nuestro plazo final sería un período de tres meses para rastrear los cambios en las ventas, realizar cambios en el proceso de nuestro servicio o producto según sea necesario y, finalmente, alcanzar nuestra meta.

A medida que expira cada fecha límite, es importante revisar la meta y asegurarte de que tu progreso está en buen camino. Durante cada revisión, puedes realizar cambios necesarios tanto en tu planificación como en la meta. Sin embargo, trata de no modificar el límite de tiempo, ya que esto puede ocasionar el postergamiento, y llevar eventualmente al fracaso.

Involucrar a otros.

El último paso en la creación de una meta positiva es la participación de los demás. Este es un paso importante al momento de establecer cualquier meta de pensamiento positivo ya que utiliza el refuerzo y el estímulo que se puede obtener de familiares, amigos y compañeros.

Después de cumplir los primeros tres pasos para establecer

metas positivas, comparte tus metas y plazos las personas que te rodean. Úsalos a modo de caja de resonancia, escucha sus consejos o pensamientos, y deja que estén involucrados en tu camino al éxito. Cuando informas a los demás sobre tus metas, serás capaz de crear una red de fortaleza y apoyo a la que puedes recurrir si te resulta muy difícil alcanzar tu meta o si te desvías del camino.

Sin embargo, ten cuidado: no todos a tu alrededor serán ideales para esto. En el mundo existen personas que viven con un pensamiento negativo, y tenerlas en tu red no llevará a lograr resultados positivos. Si tienes amigos o familiares que están atrapados en un ciclo de pensamiento negativo, entonces debes mantenerlos alejados de tu empresa. Esto puede parecer severo, pero el pensamiento positivo no funciona cuando existe alguien cercano que lo debilita agresivamente con su propia negatividad.

Cómo encontrar un mentor puede ayudarnos con metas de pensamiento positivo

Sin importar cuánto conocimiento tengas sobre tu negocio, o cuánto esfuerzo dediques a ver tus metas realizadas, a veces necesitas consejos fuera de tu círculo. Si bien este consejo puede provenir de un gran número de fuentes, por lo general, es más provechoso buscar la guía de un mentor.

Un mentor puede ser cualquier persona con conocimiento en tu área de negocios. Sin embargo, cuando busques a un mentor, es mejor que sea alguien que comprenda mejor la situación que enfrentas y con la mayor experiencia en un negocio similar al tuyo. Para encontrar un mentor y sacar el máximo provecho al tiempo que compartan juntos, sigue estos sencillos pasos que presentamos a continuación.

Elije una situación específica en la que buscas asesoramiento.

Si bien es posible que desees buscar la mayor cantidad de ayuda posible, es más fácil y más provechoso limitar tu búsqueda a un área o situación en específico. Más tarde, cuando la situación ya esté resuelta, también puedes visitar nuevamente a tu mentor para asesoramiento extra.

Al momento de elegir una situación a seguir, revisa tus metas de pensamiento positivo y determine cuál es la más importante para ti o tu negocio. Una vez que hayas pensado en una meta, podrás limitar tu elección de mentores al evaluar su nivel de experiencia en tu área. Por ejemplo, si eliges buscar un mentor que te ayude a mejorar tus ventas por internet, entonces querrás elegir a alguien que haya alcanzado grandes éxitos en este ámbito. No vas a querer seleccionar a alguien que no haya estado en el negocio por mucho tiempo, ni alguien que tenga una vasta experiencia y éxito en ventas minoristas, pero desconozca el proceso de ventas por internet.

Seleccionar una situación específica también te ayudará en el futuro cuando prepares tu lista de preguntas para hacer a tu mentor. Al tener definido un problema específico y un grupo de preguntas específicas antes de tu primera visita, tendrás tiempo adicional para revisar esas preguntas y depurar la información innecesaria.

Comunícate con tu posible mentor.

Aunque esto parece obvio, la forma en la que te comunicas con la persona puede ser un reto. Dependiendo de tu nivel de familiaridad con esa persona, la primera vez que hablen podría ser algo tan simple como una rápida llamada telefónica, o algo tan formal como una solicitud por escrito para una entrevista. Para cumplir con los requisitos profesionales de cortesía, tu primer contacto con alguien que no tengas un trato familiar siempre debe comenzar con una solicitud por escrito, o una llamada telefónica a su secretaria. Nunca llames al número personal de la persona si aún no existe ese nivel de confianza.
Además, lo más probable es que a quien elijas como tu posible mentor tenga una agenda ocupada. Debido a esto, por lo general, es mejor si las comunicaciones tienen inicio concertando una cita para exponer tu situación. Nunca trates de exponer tu situación o explicar tu posición actual durante la primera comunicación.

Una vez que hayas fijado la cita, debes elegir el tipo de reunión que tendrán. Dependiendo de las circunstancias y el tiempo que tu mentor tenga disponible, esta primera reunión puede ser una breve llamada telefónica o incluso una reunión durante el almuerzo. Si es posible, permite que tu mentor seleccione la hora y el lugar para esta primera reunión.

Prepárate exhaustivamente para la reunión.

Una preparación adecuada te ahorrará a ti y a tu mentor una enorme cantidad de tiempo. Si te preparas como es debido, podrás exponer tu solicitud de una manera sencilla y convincente. Asegúrate de estar listo para compartir tus metas y retos específicos con tu mentor, y poder explicarle exactamente lo que esperas obtener de ellos.

Haz preguntas específicas.

Una vez que alguien haya aceptado convertirse en tu mentor, debes preparar una lista de preguntas específicas para hacerle. Si tus preguntas son demasiado abiertas, será difícil obtener respuestas claras. Además, las preguntas generales a menudo exigen respuestas múltiples, lo que puede representar una pérdida de tiempo para ambos.

Usando como base la meta anterior de nuestro ejemplo, identifica las diferencias entre estos conjuntos de preguntas.
 "¿Cómo puedo mejorar mis ventas por internet?"
"¿Cuáles son los tres pasos que puedo seguir para comenzar a aumentar mis ventas por internet?"

"¿Cómo puedo identificar las necesidades de mis clientes?"
"¿Alguna vez has utilizado encuestas con tus clientes? Y de ser así, ¿qué es lo más importante que puedes decirme sobre ellas?"

Como puedes observar en los ejemplos anteriores, la segunda pregunta de cada conjunto es más detallada y específica. Poder reconocer y utilizar esta distinción te permitirá formular mejores preguntas y, al final, recibir consejos mejores y más orientados hacia las metas.

Pon en práctica los consejos de tu mentor.

No sólo basta con buscar la asesoría de un mentor. También tienes que estar dispuesto a realmente escuchar sus ideas, investigarlas y, finalmente, ponerlas en práctica. Una gran idea sigue siendo una idea hasta que se convierte en una meta. Usa lo que tu mentor te ha enseñado para ampliar tus metas y mejorar tus posibilidades de obtener el éxito.

Usa a tu mentor para más que consejos.

Un mentor puede ser una gran fuente de inspiración y pensamiento positivo. Escucha las historias que tiene por contar, contágiate de su emoción, y usa su pensamiento positivo para reforzar el tuyo. Si te parece que tu actitud se está tornando negativa, o descubre que hay pensamientos de derrota y fracaso entrando en tu discurso interno, llama a tu mentor para tener una plática inspiradora.

Agradece a tu mentor.

No importa cómo termine la experiencia, ya sea que pongas en práctica sus consejos o no, recuerda enviar siempre una tarjeta o un regalo de agradecimiento a tu mentor. Para muchos, este pequeño paso puede no parecer importante, pero es la mejor y más grande manera de asegurar que la relación profesional que tienen siga en pie. El hecho es que tu mentor probablemente aceptó ayudarte únicamente porque tu éxito es importante para él o ella. Así que hazle saber que aprecias el tiempo y esfuerzo que te dedica, y mantenlo informado de tu progreso y tu éxito. Al hacerlo, dejarás una puerta abierta para más asesoramientos y nuevas oportunidades.

Con estas palabras, hemos llegado al final de este libro. Así que quiero agradecerte por elegir este libro.

Ahora que has llegado al final, me gustaría expresar mi gratitud por haber elegido esta fuente en particular y tomarte el tiempo para leerla. Toda la información recopilada en estas páginas fue investigada y reunida de manera que te ayude a comprender los principios para la autosuperación de la manera más fácil posible.

Espero que te haya sido útil, y que ahora puedas usar este libro como una guía cuando lo necesites. También es posible que quieras recomendarlo a cualquier amigo o familiar que tú creas puede aprovechar las lecciones que aquí se encuentran.

www.ingramcontent.com/pod-product-compliance
Lightning Source LLC
Chambersburg PA
CBHW052140110526
44591CB00012B/1792